국민행복과 정부3.0

- 이해와 적용 -

국민행복과 정부3.0

–이해와 적용–

이승종 · 오영균 공저

학지사

서 문

『국민행복과 정부3.0: 이해와 적용』은 국민행복 실현을 위한 정부 패러다임의 전환을 위한 이해의 틀과 실무지침을 제공하기 위한 것입니다. 정부는 국민의 행복을 위해 힘써야 합니다. 이는 헌법정신에 의해 국민은 행복을 추구할 정당한 권리를 갖고 있으며, 정부는 이를 이행할 임무를 부여받았기 때문입니다. 물론 기본적으로 국민 개인이 행복해지는 것은 개인적 노력과 깨달음의 영역으로 간주할 수 있으나, 개개인이 경제·사회 등의 환경에 의하여 불행해지지 않도록 하고, 스스로 행복의 조건을 선택하고 추구할 수 있는 기회와 여건을 제공하는 것은 정부와 국가의 책임영역이라 하겠습니다. 이러한 책임을 이행하기 위해, 정부는 세계사적 위기상황 속에서 국민이 행복해지기 위한 필요조건으로서 소득과 안전을 보장하고, 나아가 모든 국민이 일을 통해 자아를 실현하며, 노력에 의해 생활이 향상될 수 있다는 정당한 믿음을 실현시켜 주어야 할 것입니다.

새정부는 국민행복 중심의 국정철학을 제시함으로써 국민행복 증진을 위한 정부의 사명을 확인하는 한편, 그 실천의지를 명시적으로 천명하고 있습니다. 정부3.0은 이 같은 국정철학 실현의 중요한 도구로서 제시된 것이며, 따라서 정부3.0의 전략과 과제들은 국정철학의 기조와 전략의 연장선상에서 추진되고 평가되어야 마땅할 것입니다. 본서는 정부3.0이 자칫 별개의 정책청사진으로 치부되지 않도록 국정철학과의 연장선상에서 정부3.0을 논의하기 위하여 저술되었습니다.

정부3.0에 대한 구체적인 논의를 전개하기에 앞서 개괄적인 차원에서 정부3.0을 추진함에 있어서 유념할 점 몇 가지를 언급하고자 합니다. 첫째, 거듭 강조하거니와 정부3.0은 그 자체가 목적이 아니라 국정철학, 즉 국정비전과 기조를 실천하기 위한 행정도구의 성격을 갖고 있다는 것입니다. 따라서 정부3.0을 별도로 논의하기보다는 국정철학을 먼저 이해하고 그것의 연장선상에서 정부3.0의 수단성을 강조하는 차원에서 정부3.0에 대한 논의가 이루어져야겠습니다.

둘째, 정부3.0이 지금까지 수행하여 온 일반 행정과 전혀 다른 것이 아니라는 것에 대한 이해가 필요합니다. 작금에 정부3.0에 대해서 많은 공직자들이 당황과 혼란을 겪고 있는 것은 상당 부분 정부3.0을 종래의 행정과 전혀 다른 것으로 오해하기 때문입니다. 물론 정부3.0이 과거의 행정에 비해서 획기적으로 맞춤형, 수요자 중심, 현장 중심을 지향하는 새로운 행정 패러다임인 것은 분명하지만, 그렇다고 해서 그것이 지금까지의 행정과 전혀 무관한 새로운 것이거나, 현재의 행정을 전면적으로 부정하는 것은 아닙니다. 그러므로 분명하게 지금까지의 행정이 어떠하였고 그것과 비교해서 정부3.0이 어떠한 변화를 지향하고 있는가를 제대로 인식해야 합니다. 어렵게 생각하기보다는 정부3.0을 '국민을 위한 봉사'라는 행정 본연의 모습을 되찾으려는 노력으로 쉽게 이해하는 것이 오히려 정부3.0을 체화하고 역동적으로 추진할 수 있는 출발점이 될 것입니다.

셋째, 정부3.0을 과도하게 정보공개와 활용의 문제로 규정하는 것은 오해라는 점에 대한 이해가 필요합니다. 물론 정부3.0이라는 용어 자체가 웹 1.0, 2.0, 3.0 등과 유사하게 다분히 정보화와 관련된 용어이며, 또 많은 외국과 우리나라의 논의 과정에서 정부3.0이 정보문제와 연관되어 이야기되어 온 측면이 없지 않지만, 그렇다고 해서 정보공개나 개방으로만 정부3.0이 추진될 수 있는 것은 아니기 때문에 정보문제 중심으로 정부3.0의 논의가 전개되는 것은 한계가 있을 것입니다. 정부3.0은 한편으로는 정보의 개방과 공유, 다른 한편으로는 행정 과정에서 소통과 협력을 통해서 국민행복을 증진시키기 위한 종합적인 수단이라는 점에 대한 균형적 이해가 필요합니다. 정보는 중요하고 유용하지만 모든 것을 해결하지는 않습니다. 결국 해결은 사람이 하는 것이고, 정보는 사람을 돕는 유용한 수단이며 자원이라는 인식을 분명히 해야 할 것입니다.

넷째, 정부3.0을 추진함에 있어서 공직 내부에서 행정공무원들끼리 바쁜 데 그치는 현상이 있어서는 안 되겠다는 것입니다. 물론 정부3.0의 추진 초기이기 때문에 지금은 계획하고 의견을 교환하는 과정에서, 또한 공직자들이 정부3.0을 보다 잘 추진하도록 하기 위해 교육을 하는 과정에서 행정부 내부의 상호작용이 빈번할 수밖에 없겠지만, 만일 그러한 현상이 장기화된다면 결국 국민 중심으로 정부3.0이 추진되어야 한다는 본래의 목적을 훼손할 우려가 없지 않습니다. 즉, 정부3.0은 그 과정도 중요하지만 국민의 행복증진이라는 결과 중심으로 이루어져야 한다는 인식을 한시라도 늦추면 안 될 것입니다.

다섯째, 정부3.0을 추진함에 있어서 부처 간 협업과 함께 부처 내 협업이 아울러 강조되어야 합니다. 정부부처 간 할거주의는 행정의 전례적인 문제로서 그 해결이 쉽지 않기는 하지만 국민행복 증진을 위해서 빼놓을 수 없는 중요한 가치라 하겠습니다. 문제는 보다 동질적인 부처 내의 부서 간 협력이 전제되지 않고는 보다 이질적인 부처 간 협력이 어려울 것이라는 점입니다. 그러므로 부처 내의 협력적 분위기를 기반으로 부처 간 협력이 실질화될 수 있다는 인식하에 부처 간 협업을 추진함에 있어서 부처 내(부서 간) 협력을 병행 또는 우선시하여 추진할 필요가 있다 하겠습니다. 이러한 요구에 대한 균형적 대응이 정부 협업의 심화방향이 될 것입니다.

정부3.0의 수행에 있어서 특별히 중요한 요인은 리더십입니다. 국무총리와 장관 및 각 기관장들은 올바른 정책(사업)수행에 대한 부당한 정치적 압력을 막아주면서 구성원들이 업무에 몰입할 수 있도록 인사 및 성과평가체계 등의 제도를 구비해 주어야 할 것입니다. 정부3.0이 성공적으로 수행되기 위해서는 법령의 명확한 근거, 지휘 · 조정체계, 담당자의 전문성과 몰입성, 합리적 예산배분 및 평가체계 등이 필요합니다. 이때 리더십은 이러한 제도적 기반의 구축을 위한 필수요인이자 정책의 지속적 추진을 위한 원동력으로서 중요합니다. 물론 법제도적 조건이 모두 충족되지 않는다고 해서 정부3.0의 철학과 정책적 의미가 반감되는 것은 아닐 것입니다. 사실상 대한민국 공무원은 단 한 번도 완벽한 근무여건에서 일해 본 적이 없지만 세계사에서 유래 없는 국가발전을 견인해 온 경험과 의지를 소유하고 있기 때문입니다. 이러한 경험 속에서 정부3.0 역시 공직자들의 헌신을 바탕으로 성공적으로 추진될 수 있을 것이며, 우리 국민의 고단한 삶 역시 이들의 헌신만큼 크게 개선될 것으로 기대됩니다. 다만, 그 시기가 너무 늦어지지 않기 위해서 리더십의 발휘와 공직자의 협조가 잘 이루어져야만 할 것입니다.

마지막으로, 정부3.0이 실효적으로 잘 수행되기 위해서는 정부3.0의 내용이 실제 주민과의 접점에서 잘 집행되는 것이 중요합니다. 이러한 집행을 담당하는 것이 지방정부입니다. 그러나 현재 정부3.0에 대한 논의는 중앙정부가 주도하면서 다분히 중앙부처 간의 업무로 치부되는 경향이 없지 않습니다. 정부3.0의 집행 완결자가 지방정부라는 차원에서 생각할 때, 정부3.0이 중앙 차원에서만이 아니라 지방의 현장에까지 제대로 연결되어 추진되어야만 합니다. 국민행복의 실현이 국민 개개인에 대한 맞춤형 살핌을 통해서 이루어진다고 했을 때, 국민과의 근접점인 지방 차원에서의 실천이 무엇보다 중요하기 때문입니다. 이를 위해서는 정부와 국민 간의 협력만이 아니라 중앙과 지방의 협력이 중요하며, 따라서 지방을 포함하는 정부3.0으로서 '지방3.0' 또는 '지방정부3.0'을 병행해서 추진할 필요가 있을 것입니다. 지방3.0의 추진은 중앙이 갑이 되고 지방이 을이 되는 것이 아니라, 중앙과 지방의 협력하에서 정부3.0을 잘 추진하기 위한 노력이기도 합니다.

우리는 정부3.0이 제대로 실천된다면 국민행복 증진에 많은 기여를 하게 될 것으로 믿습니다. 부족한 점이 많지만 본서가 정부3.0에 대한 이해를 확산하고, 국민을 행복하게 만드는 좋은 정책을 개발하고 추진하는 데 조금이라도 도움이 되길 기대합니다.

2013년 8월 13일

이승종 · 오영균

차 례

I

들어가며

최근까지 글로벌 경제위기가 지속되는 가운데 기후 · 환경변화, 에너지 · 식량 부족 등 국제사회의 공동 대응이 절실해지는 상황에서, 국내적으로도 저성장의 고착화, 고용률의 정체, 양극화의 심화, 재난 · 안전사고 등의 사회적 문제가 심화되고 있다. 이에 따라 국가 차원에서 국회와 정부, 부처와 부처, 중앙정부와 지방정부, 부처 내 부서와 부서 간에 협력과 협업의 중요성이 긴요해지고 있다. 특히 ICT와 SNS의 발달로 인한 모바일 지식정보사회로의 전환은 정부와 국민의 관계를 변화시키고 있어서 한편으로는 갈등의 순간적 심화와 확산가능성을, 다른 한편에서는 공동 의사결정 및 협력의 가능성을 확대시키고 있다. 전자는 집단이기심이 쉽게 표출될 경우의 역기능이고, 후자는 국민의 참여 확대를 통해 집단지성의 결집과 공공부문의 투명성이 높아지는 경우에 기대할 수 있는 순기능이라고 하겠다.

이와 같은 환경변화 속에서 정부의 역할이 어떠해야 하는가는 경제사회 변동의 큰 흐름 속에서 이해해야 한다. 이러한 관점에서 칼레츠키(Kaletsky, 2011)는 자본주의 발전단계에 따라 정부의 역할변화를 제시한 바 있다. 칼레츠키에 따르면 자본주의 1.0은 자유방임주의에 입각한 야경국가 시대로, '보이지 않는 손'의 원리에 의해 자원배분이 이루어지는 시장 중심 경제체제를 의미한다. 자본주의 2.0은 1930년대 경제대공황을 경험하면서 시장실패를 보완하기 위해 정부의 기능과 역할이 확대된 시기로, 케인즈의 수정자본주의 체제에서 정부의 시장개입이 일상화된 상태를 의미한다. 자본주의 3.0은 1970년대 전 세계적인 스태그플레이션을 겪으면서 정부의 거대화에 따른 비효율을 보완하기 위해서 신자유주의에 입각하여 자원배분이 이루어진 시기이다. 끝으로, 자본주의 4.0은 글로벌 금융위기를 겪으면서 세계화에 따른 부작용이 나타나고 특히 양극화와 계층갈등의 심화를 해결하기 위해 거시경제 관리와 금융규제 등 몇몇 분야에서 정부의 적극적 역할과 기업의 사회적 책임이 강조되는 시기이다.

이렇게 변화된 자본주의 4.0 시대에 대응하기 위해서는 정부의 기능과 역할이 과거와는 확연히 달라져야 하며, 이러한 요청에 부응하여 호주, 영국, 프랑스, 미국 등 주요 선진국은 이미 개방과 공유에 기반을 둔 정부2.0 혁신에 돌입하였다(아이앤유, 2011). 박근혜정부에서는 국민의 행복을 위해서 다양한 정보를 투명하게 공개한다는 측면에서 정부2.0의 내용을 반영하는 것을 넘어 칸막이 없이 일 잘하는 정부, 맞춤형 서비스를 제공해 주는 정부를 목표로 한 단계 더 진화된 정부3.0을 지향하고 있다. 정부3.0은 단지 자본주의 4.0 시대에 맞는 행정을 구현한다는 소극적 차원을 넘어서 현재 우리나라가 직면하고 있는 총체적 문제를 극복하는 동시에 새로운 미래를 개척하는 행정 패러다임을 제시하고 있다는 점에서 의의가 있다고 할 것이다.

정부3.0에 대한 구체적 논의를 전개하기에 앞서 서문에서도 언급한 것처럼 정부3.0을 이해하는 데 있어 유의할 점 몇 가지를 강조하고자 한다.

- 국정철학과 연계 필요
- 국민에게 봉사하는 행정에 대한 이해
- 정보공개 강화 위주 경계
- 행정 내부과정 과열문제
- 부서 간 협력 필요
- 리더십의 중요성
- 지방3.0 병행 추진

첫째, 정부3.0의 논의는 반드시 국정철학과 연계하여 논의되어야 한다는 것이다. 정부3.0은 그 자체가 목적이 아니라 국정철학, 즉 국정 비전과 기조를 실천하기 위한 행정도구의 성격을 갖고 있다. 따라서 정부3.0을 별도로 논의하기보다는 국정철학을 먼저 이야기하고 그것의 연장선상에서 정부3.0의 수단성을 강조하는 차원으로 정부3.0에 대한 논의가 이루어져야 한다. 그렇게 되어야만 정부3.0에 포함되는 정책들이 국정철학 실현에 기여할 수 있기 때문이다. 최근 정부3.0의 논의를 그 자체에 집중하여 진행하는 데 대한 재고도 필요하다.

둘째, 정부3.0이 지금까지 수행해 온 행정과 전혀 다른 것이 아니라는 점을 이해해야 한다. 종래의 행정 역시 기본적으로 국민에 봉사하는 것을 기본 패러다임으로 하고 있다. 그러나 그 운영방향에서 충분히 봉사의 요청에 부응하는 데 한계를 보여 왔다. 정부3.0은 과거의 행정을 근간으로 하면서도 행정이 본래의 목적에 보다 충실해지도록 수요자 중심의 맞춤형으로, 현장 중심의 서비스 행정으로 패러다임을 전환 내지 강화하는 것으로 이해해도 무리가 없다 하겠다. 작금의 정부3.0에 직면하여 많은 공직자가 다소간의 혼란을 경험하고 있는 것은 다분히 정부3.0이 전혀 새로운 행정 패러다임이라는 오해를 하기 때문이다. 따라서 정부3.0을 불필요하게 복잡하게 이해하기보다는, 정부3.0은 국민봉사라는 행정 본연의 모습을 되찾으려는 패러다임으로 인지하고, 국민행복을 위해서 공직자가 무엇을 해야 할까를 고민하는 것이 쉬우면서도 소망스러운 접근이 될 것이다.

셋째, 정부3.0을 '정보공개' 또는 'ICT 강화'로 과도하게 단순화하는 것을 피해야 한다. 물론 정부3.0이라는 용어 자체가 웹 1.0, 2.0 및 3.0의 발전단계와 상당 부분 연계되어 있고, 외국에서 정부3.0을 기본적으로 정보화와 연관해서 추진하고 있는 상황도 이해할 수 있다. 그렇다고 해서 정보공개나 공유 혹은 시스템 구축, ICT 활용만으로 정부3.0이 규정되거나 추진되어서는 곤란하며, 정부를 운영하는 공직자의 행태, 행정문화의 변화가 필수적으로 수반되어야 한다. 어디까지나 정부3.0은 궁극적으로 정부를 변화시켜 국민행복을 증진시키는 종합적인 수단임이 강조될 필요가 있다.

넷째, 정부3.0을 추진함에 있어서 공직 내부에서 행정공무원들끼리 바쁜 데 그치고 마는 상황이 되면 안 된다. 물론 정부3.0 추진 초기에 계획하고 조정하는 과정에서, 또 교육과 적용 과정에서 행정부 내부의 교호작용이 빈번할 수밖에 없을 것이다. 그렇지만 그러한 상황이 장기화되면 결국 국민 중심으로 정부3.0이 추진되어야 한다는 본래의 목적을 잊을 우려가 없지 않다. 즉, 정부3.0은 그 과정도 중요하지만 국민의 행복증진이라는 결과 중심으로 추진되고 평가되어야 한다는 점을 인식해야 한다. 강조하건대, 정부3.0은 추진 과정도 중요하지만 국민행복 증진이라는 결과 중심으로 추진되어야 한다.

다섯째, 정부3.0을 추진하는 데 부처 간 협력 또는 협업이 강조되고 있다. 이것은 전래적인 정부부처 간 할거주의에 따른 폐해를 고려할 때 반드시 추진되어야 하는 중요한 가치임이 분명하다. 하지만 이와 함께 강조되어야 할 것이 부처 내부의 부서 간 협력이다. 보다 동질적인 부처 내 협력이 전제되지 않고서는 보다 이질적인 정부부처 간 협력도 사실상 어려워질 수 있다. 그러므로 부처 간 협력만을 강조하기보다는 부처 내 협력, 나아가서 산하기관 간 협력까지 함께 강조하고 성취해 나갈 필요가 있다. 결국 특정 공공문제가 제기되었을 때 관련된 모든 부처, 기관이 일시에 협력하여 마침내 해결해 내는 총체적이면서 유기적인 체제를 구축해야 하는 것이다.

여섯째, 정부3.0의 성공적 수행을 위한 요인으로 가장 중요한 요인을 꼽으라면 리더십이라 할 것이다. 먼저 국정지도자가 정부3.0의 필요성과 기본방향에 대해서 지속적으로 관심을 표명하고 언명을 표출해야 한다. 국정지도자의 적극적 관심은 정책추진의 가장 큰 원동력이기 때문이다. 국무총리, 장관, 자치단체장 및 각 기관장들은 올바른 정책(사업)수행에 대한 부당한 정치적 압력을 막아주면서 구성원들이 업무에 몰입할 수 있도록 인사 및 성과평가체계 등 필요한 제도를 구비해 주어야 한다. 사실상 정부3.0의 성공요인은 법령의 명확한 근거,

지휘 · 조정체계, 담당자의 전문성과 몰입성, 합리적 예산배분 및 평가체계이기 때문이다. 리더십은 이같은 제도적 기반의 구축에 필수요인이다. 물론 법제도적 조건이 모두 충족되지 않는다고 해서 정부3.0의 철학과 정책적 의미가 반감되는 것은 아니다. 대한민국 공무원은 사실상 단 한 번도 완벽한 근무여건에서 일해 본 적이 없지만 세계사에서 유래 없는 국가발전을 견인해 온 경험과 의지를 소유하고 있기 때문이다. 정부3.0 역시 이들 공직자들의 헌신을 바탕으로 성공적으로 추진될 것이며, 우리 국민의 고단한 삶 역시 그만큼 개선될 것으로 기대한다. 다만, 그 시기가 너무 늦어지지 않기 위해서는 리더십의 발휘와 공직자의 협조가 잘 이루어져야만 할 것이다.

마지막으로, 정부3.0이 실효적으로 잘 수행되기 위해서는 정부3.0의 내용이 실제 주민과의 접점에서 제대로 집행되는 것이 중요하다. 주민과의 접점에서 이러한 집행을 담당하는 주체는 일차적으로 지방정부이다. 그러나 현재 정부3.0에 대한 논의를 중앙정부가 주도하면서 정부3.0이 다분히 중앙부처의 기획업무로 치부되는 경향이 없지 않다. 이 같은 한계를 시정하기 위해서는 정부3.0의 집행 완결자가 지방정부라는 차원에서 향후 정부3.0을 지방을 포함하는 것으로 확장적으로 이해할 것이 요청된다. 이러한 요청을 지방정부3.0 또는 지방3.0으로 강조해서 추진할 필요가 있다. 이는 중앙이 갑이 되고 지방이 을이 되는 것이 아니라 중앙과 지방의 협력하에 정부3.0이 잘 추진되도록 하는 시도이기도 하다.

이와 같은 정부3.0의 배경과 유의사항을 전제로, 본서에서는 기존의 이론적 논의를 검토하고 최근 다양한 환경변화와 전망, 박근혜정부의 국정철학과 연계하여 정부3.0이 왜 필요하고, 무엇을 추구해야 하며, 어떻게 추진되고 있는지 살펴보고, 성공적인 추진을 위해 향후 어떠한 방향으로 나아가야 하는지를 제안하고자 한다.

세부 목차에 따른 구성내용은 다음과 같다. 첫째, '서문'과 '들어가며'에 이어서 II장 '정부3.0의 필요성과 의의'에서는 다양한 환경의 변화와 전망, 그리고 박근혜정부의 국정철학과 정부3.0의 연관성, 나아가 정부3.0의 이론적 근거에 대해서 논의한다.

III장 '정부3.0의 이해'에서는 정부3.0이 무엇을 추구하는지와 관련된 개념과 요소, 비전/목표/전략/가치 등 총괄적인 내용을 살펴본다. 더불어 정부3.0의 내용과 관련해서 정부(관계부처 합동)에서 제시하고 있는 정부3.0의 추진체계, 추진내용 및 절차, 추진과제 및 주요 사례(예시) 등을 확인해 본다.

IV장 '정부3.0 실천과제의 모색'에서는 미국, 영국, 프랑스, 일본 등 주요 선진국의 사례에 대한 최근 동향을 살펴본다. 더불어 국내 주요 부처에 대한 우수사례를 소개하고, 주요 전략과 과제의 추진에서 유념해야 할 방향을 논의한다.

V장 '정부3.0의 적용: 지방3.0'에서는 중앙정부정책의 지방적 구현, 정부정책의 국민체감적 실행이라는 면에서 지방정부 차원에서 실천할 지방3.0의 내용을 살펴본다.

마지막으로, VI장에서는 각 장별 주요 내용을 종합적으로 요약하고 총체적인 관점에서 핵심적 고려사항을 제안한다.

Ⅱ

정부3.0의 필요성과 의의

제1절 환경의 변화와 전망

■ 행정환경의 변화
- ○국민행복 중심 국정철학 구현을 위한 행정혁신 요구
- ○교육수준 향상, 민주화 진전으로 국민의 기대수준 상승 및 행정수요 다양화
- ○민주화, 정보통신매체 확산으로 국민의 국정 참여욕구 증대
- ○환경변화에 맞춘 정부 역할변화 요구–민관협치/공생산으로 전환
  - –통치자에서 조정자, 촉진자로의 역할 전환
  - –정부의 직접적 대응능력의 한계, 플랫폼 정부화 요청

■ 행정 패러다임 변화를 반영한 수요자 맞춤형, 통합형 서비스 제공
- ○정부일방주의 → 협치, 공생산
- ○정보비밀주의 → 개방, 공유
- ○할거주의(칸막이행정) → 소통, 협업, 통합
- ○수동적, 획일적 행정 → 수요자 맞춤형 행정
- ○정부 불신 → 정부 신뢰

1. 행정환경의 변화

우리나라는 최근 각종의 사회적 위기와 딜레마 상황에 직면하고 있어, 새로운 성장동력 창출 및 사회통합을 위한 갈등관리시스템의 구축이 요망되고 있다. 또한 지식과 기술의 융복합 혁명의 시대가 도래하면서 행정환경도 새롭게 변화되고 있다(대통령직인수위원회, 2013a; 2013b; 행정개혁시민연합, 2013). 이러한 변화 속에서 국민행복 중심의 국정철학이 수립되었고, 그 중심적 구현수단으로서 제

시된 행정혁신 패러다임이 바로 정부3.0이다. 이 같은 국민행복 중심의 국정철학은 국가의 주인이 정부가 아니라 국민이라는 데서 정당화된다.

굳이 새로운 국정철학의 대두에 따른 대응 요구가 아니더라도 그간 나타난 행정환경의 변화는 일정 정도의 행정혁신을 요구하기에 이르렀다. 그동안 국민의 교육수준 향상과 민주화의 진전으로 국민의 삶의 질에 대한 기대수준이 상승하고 이에 따라 행정수요가 다양화되었다. 정부는 이와 같이 상승한 기대수준 그리고 다양화된 행정수요에 맞출 수 있도록 변화되어야 할 필요가 생겼다. 정보통신매체의 확산으로 국민의 국정참여 양상이 변화된 것도 중요한 행정환경의 변화요인이 되었다. 이러한 행정환경 변화요인에 맞추어 과거에 강조되었던 시장 중심형의 정부재창조(reinventing government) 모델에서 이제는 민 · 관협치 또는 공생산형(coproduction)으로 행정이 바뀌어야만 한다는 요구도 커졌다. 또한 정부의 변화만이 아니라 국민도 단순한 소비자에서 생산소비자(prosumer)로서의 역할을 요구받고 있다. 결국 정부는 군림하는 통치자가 아니고 국민과 함께 사회에서 일어나는 여러 갈등문제를 조정하거나 국민의 생산적 활동을 돕는 촉진자로서의 역할변화를 요구받고 있는 것이다. 물론, 이러한 역할을 수행함에 있어서 정부가 모든 일에 직접 대응하는 데에는 한계가 있기 때문에 정부는 국민과 기업활동의 장 또는 선순환 생태계를 마련하는 플랫폼 정부로 전환할 것을 요구받게 된 것도 중요한 행정환경의 변화양상이라 할 수 있다.

행정환경의 변화가 이에 대응하는 행정 패러다임으로서 정부3.0에 요구하는 바는 명확하다. 첫째, 정부운영에 있어서 일방향적 운영을 지양하고 민간과의 협치 내지는 공생산을 지향할 것을 요구한다. 이에 따라 과거 행정의 수혜자로서 피동적 지위에 있던 국민은 정부와 협력하는 파트너의 지위로 변화해야 한다. 또한 정부가 자신의 재원과 인력으로 서비스 제공의 정부를 책임지는 패러다임에서 서비스제공에 대한 계획과 결정, 즉 공급(provision)은 정부가 하되 실제 서비스의 생산(production)은 민간 또는 정부와 민간의 협력을 통하여 해결하는 협력 패러다임으로의 전환을 요구한다.

둘째, 공공정보에 있어서 정보비밀주의에서 개방과 공유로의 전환을 요구한다. 정보의 개방에 있어서도 국민의 청구에 대한 피동적 공개인 청구공개에서, 국민이 필요로 하는 정보를 정부가 자발적으로 공개하는 정보공표로 전환해야 한다. 또한 정보를 민간과 고유함으로써 국민의 공공의식을 고양시키는 한편, 정보활용을 통한 일자리 창출, 성장동력의 발굴을 도모한다.

셋째, 행정과정에 대해서는 정부부처 간 또는 부서 간 칸막이 행정 내지는 부처 할거주의 대신 소통과 협업, 통합을 강조하는 패러다임으로의 변화를 요구한다.

넷째, 수동적, 획일적 행정에서 수요자 맞춤형 행정으로의 변화를 요구한다. 이같은 요구에 대응하기 위해서 공직자들의 업무행태와 열정이 혁신적으로 변화되어야 한다.

다섯째, 이러한 변화를 통해서 불신받는 정부에서 신뢰받는 정부로 변화할 것을 요구한다. 현재 전 세계적으로 정부불신 현상이 만연하고 있다. 정부가 더욱 복잡, 심각해지고 있는 경제, 사회적 문제를 해결하는 데 실패하고 있기 때문이다. 정부신뢰의 회복 여부는 환경변화에 행정대응의 적절성을 평가하는 중요한 기준이 될 것이다.

2. 행정 패러다임의 변화

■ 전통적 정부(가부장적, 시혜적 정부)
- ○ 정부 역할은 노젓기(rowing), 공공서비스의 효율적 전달에 초점
- ○ 정부 → 국민의 일방적 관계
- ○ 정부혁신은 정부구조와 조정체계의 변화에 초점

■ 신공공관리(NPM): 1990년대
- ○ 정부 역할은 방향잡기(steering)
- ○ 민간화 강조, 공급과 생산의 구분(reinventing government)
- ○ 시민은 고객, 시민의 선호와 고객만족 강조

■ 거버넌스: 2000년대
- ○ 정부 역할은 섬김(serving), 시민의 의견수렴에 바탕을 둔 서비스 정부
- ○ 정부는 민주사회의 주인이 아니며, 주인인 시민을 위한 행정을 수행해야 함

최근까지 정부 패러다임의 시대적 변화는 덴하르트와 덴하르트(Denhardt & Denhardt, 2007)의 명쾌한 기술을 중심으로 살펴보는 것이 유용하다. 첫째는 과거의 전통적 정부이다. 전통적 정부는 가부장적 정부모델로서 정부가 국민에게 일방적으로 시혜하는 모델이다. 이때 정부의 역할은 노젓기(rowing)로 이미지화되고, 주로 공공서비스의 효율적 참여자들이 정부 역할의 핵심으로 규정된다. 이러한 모델에서는 정부와 국민의 관계는 일방적 관계가 되고 정부혁신은 정부구조와 조정체계의 변화에 초점을 둔다.

1990년대에 들어와 비효율적이면서도 예산의 극대화만 추구하는 관료제 등 정부실패가 강조되면서 신공공관리(New Public Management, NPM)가 새로운 정

부 패러다임으로 대두되었다. 이때 정부의 역할은 방향을 제시하고 이끄는 역할(steering)로 재규정된다. 이 경우에는 민간화 내지는 시장을 강조하게 된다. 과거 오스본과 개블러(David Osborne & Ted Gaebler)가 주창했던 정부재창조(reinventing government)는 바로 이러한 민간화 차원에서의 정부 개혁을 주장했던 것이다. 신공공관리모델에서 시민은 고객이고, 따라서 정부는 시민고객의 선호를 반영하기 위한 노력을 경주해야 하므로 시민의 선호와 고객만족이 강조되는 것이 신공공관리 정부모델의 핵심이 된다.

2000년대에 들어와서는 거버넌스모형이 새롭게 조명되기 시작하였다. 거버넌스모형에서는 정부 역할이 노젓기나 방향전환을 넘어서서 서비스에 있다는 점이 강조된다. 정부는 군림하거나 방향을 제시하는 것이 아니라 시민의 의견수렴을 바탕으로 서비스할 것을 요구받는다. 정부는 민주사회의 주인이 아니며 민주사회의 주인은 국민이기 때문에 당연히 정부는 시민 중심의 서비스를 해야 한다는 것이다. 이때 강조되는 것은 참여, 협치, 생산소비자(prosumer), 플랫폼(platform) 정부와 같은 용어들이다. 이는 정부 혼자서 일방적으로 독주하지 않으며 시민과 협력적으로 통치하고, 정부 혼자 일방적으로 생산하지 않고 국민과 함께 생산하는, 그리고 국민활동의 장을 제공하는 것을 강조하고 있다. 이것이 중요한 정부 패러다임의 시대적 진화이며, 정부3.0은 최근의 거버넌스적인 관점에서 제시되는 것으로 이해할 수 있다.

제2절 국정철학과 정부3.0

1. 박근혜정부의 국정철학

1) 박근혜정부의 국정비전과 기조

■ 국민행복, 희망의 새시대(2013. 2. 대통령직인수위원회 발표)

- ㅇ 일자리 중심의 창조경제
- ㅇ 맞춤형 고용복지
- ㅇ 창의교육과 문화가 있는 삶
- ㅇ 안전과 통합의 사회
- ㅇ 행복한 통일시대의 기반 구축
- ㅇ 신뢰받는 정부

■ 희망의 새시대(2013. 4. 새정부 발표)

- ㅇ 경제부흥
- ㅇ 국민행복
- ㅇ 문화융성
- ㅇ 평화통일 기반 구축

정부3.0을 구체적으로 논하기에 앞서 박근혜정부의 국정철학, 즉 국정비전과 기조에 대해서 살펴보고자 한다. 정부3.0은 그 자체가 목표가 아니라 국정철학을 실현하는 도구이기 때문이다.

당초 제18대 대통령직인수위원회는 '국민행복, 희망의 새시대'를 국정비전으로 하고 그 아래, 첫째, 일자리 중심의 창조경제, 둘째, 맞춤형 고용복지, 셋째, 창의교육과 문화가 있는 삶, 넷째, 안전과 통합의 사회, 다섯째, 통일시대 기반 구축, 여섯째, 신뢰받는 정부를 국정기조로 제시한 바 있다. 그러던 것이 새정부 출범에 이르러 국정비전을 국민행복, 희망의 새시대에서 '희망의 새시대'로 단일화하면서 국정기조는 경제부흥, 국민행복, 문화융성, 평화통일 기반 구축 네 가지로 축약되었고 신뢰받는 정부는 제외되었다. 그러나 표현이 달라졌다 해서 국정철학의 기조가 바뀐 것은 아니다. 그 중심에는 여전히 국민행복이 핵심가치로서 자리를 차지하고 있다. 경제부흥이나 문화융성은 결국 국민행복을 목표로 하는 것이기 때문이다. 또한 국정철학에 기반을 둔 국정과제가 정부 출범 이후에도 거의 변동이 없는 것을 보면 국민행복이 국정철학의 핵심요소의 위치를 견지하고 있음을 알 수 있다. 대통령선거캠페인이나 인수위원회 논의과정에서 항상 국민행복이 핵심가치로 제시되었고, 새정부 출범 이후에도 지속적으로 국민행복이 강조되고 있다는 점도 이를 확인시켜 준다. 즉, 국정비전과 국정기조의 틀이 조금 바뀌었더라도 핵심은 여전히 국민행복에 있음을 확인할 수 있다.

2) 박근혜정부 국정철학의 특징

■ 국가 중심 발전모델에서 국민(개인) 중심의 국민행복 모델로
  ○ 집단보다 개인: 국민행복, 수요자 맞춤형에서 출발

■ 국민행복과 국가발전이 선순환하는 사회

■ 사상적 기반
  ○ 복지자유주의(welfare liberalism): 개인에 대한 관심, 복지관심, 국가의 적극적 역할
  ○ 공화주의: ① 법치, ② 덕치: 교양시민의 공동체 참여, 신뢰, 사회자본, ③ 공치(혼합정, 융합, 통합, 과잉 또는 과소민주주의 경계), 담론, 소통 중시

박근혜정부의 국정철학에서 나타나는 특징을 몇 가지로 요약하면 다음과 같다.

첫째, 국가 중심 발전모델에서 국민 중심의 국민행복 모델로 국정철학이 전환되었다. 왜 국민행복 중심인가? 그것은 민주국가의 주인은 정부가 아니라 국민이며, 따라서 주인인 국민의 행복을 위해 정부가 노력하는 것이 당연하기 때문이다(이승종, 2011b). 아울러 국민을 거론함에 있어서도 과거에는 집단으로서의 국민, 전체로서의 국민에 초점을 맞추었다면, 박근혜정부에서는 국민 개개인의 행복을 중심으로 하는 철학으로 전환된 것이다.

둘째, 국민행복과 국가발전을 선순환시키고자 한다. 국민과 국가의 관계에서 국민이 행복하다고 국가가 발전하는가, 또는 국가가 발전한들 국민이 행복하지 않으면 그 국가발전이 무슨 의미가 있는가 등의 질문이 제기될 수 있다. 국민을 어떻게 정의하는가에 따라 논쟁의 여지가 있으나 이와 같은 질문들의 핵심은 국민행복도 중요하고 국민이 속해 있는 국가의 발전도 중요하다는 점이다. 박근혜정부는 국민을 행복하게 하고 그러한 국민행복을 기반으로 국가발전이 이루어질 수 있도록 국민행복을 우선적으로 강조하는 것이다. 이러한 생각이 박근혜정부 국정철학의 기본전제가 되는 것이며, 이는 '손톱 밑 가시'나 '신발 속 작은 돌'과 같은 대통령의 언명에서 확인될 수 있다. 예컨대, 손톱 및 가시가 해결이 안 되면 정상적인 노동이 불가능하기 때문에 개인이 행복하지 못함은 물론이고, 집합적으로 국가발전도 이루어지지 않는다. 이렇듯 한 사람의 문제를 해결하는 것은 단지 한 사람의 행복을 보장하는 데 그치지 않고 같은 문제를 가진 많은 사람들의 문제를 해결하는 것이며 집합적으로 국민을 행복하게 하고 나아가 국가발전에 기여한다는 것이다.

전반적으로 볼 때 박근혜정부의 국정철학은 이와 같이 국민 개개인을 분석단

위로 하는 특징을 갖는데, 두 가지 사상적 기반에 연관되는 것으로 정리해 볼 수 있다.

첫째, 복지자유주의이다. 자유주의를 두 가지로 나눈다면, 고전적 자유주의(libertarianism)이며, 다른 하나는 개인의 복지증진을 위해서 정부의 적극적 개입을 인정하는 복지자유주의(welfare liberalism)이다. 일반적으로 자유주의라 함은 개인의 자유와 권리에 초점을 두고 있는 것으로서 전통적 자유주의에서는 개인의 자유와 권리에 대한 침해를 방지하는 데 최우선의 목적을 둔다. 그래서 정부는 개인의 자유와 권리를 침해하지 않도록 최소한의 공공기능, 즉 국방과 외교, 안전과 같은 기능만 담당하는 소위 야경국가로 충분하고 개인의 자유와 권리는 최대한 존중되어야 한다고 주장된다.

그러나 현대에 와서는 개인의 자유와 권리가 외부의 침해로부터의 소극적 보호뿐만이 아니라, 개인이 자유를 누리고 권리를 행사할 수 있도록 하기 위한 물질적 기반, 즉 복지기반을 필요로 한다는 생각에 이르렀다. 정부는 마땅히 복지기반 마련을 위해 적극적으로 활동해야 한다는 요청을 받는다. 이것을 복지자유주의라고 부른다. 지금 박근혜정부는 개인의 행복에 초점을 두는 면에서는 자유주의이지만 개인의 자유와 권리의 보장을 개인의 책임으로만 돌리지 않고 그러한 복지기반을 마련하기 위한 정부의 적극적인 역할을 강조한다는 점에서 특히 복지자유주의를 사상적 기반으로 두었다고 할 수 있다.

다른 쪽에서 보면 박근혜정부의 국정철학은 공화주의적 전통과 가깝다. 공화주의에 대해서는 여러 가지 논의가 있지만 일반적으로 세 가지를 공화주의의 특징으로 본다. 첫 번째는 법치이며, 두 번째는 덕치이고, 세 번째는 공치이다(김경희, 2009).

첫째, 법치이다. 법치는 법 앞의 평등이다. 법질서를 엄정하게 지키는 것이 모든 사람을 평등하게 대하는 것이고 개인의 권리를 보장하는 것이라는 생각이다. 박근혜정부는 원칙과 법질서를 특별히 강조하고 있다. 이는 18대 대통령직인수위원회에서 그전의 대통령직인수위원회에는 없던 법질서사회안전분과를 설치했던 데서도 잘 알 수 있다.

둘째, 덕치이다. 덕치는 교양시민의 공동체 참여를 강조하는 것이다. 또한 사회에 대한 가진 자의 책임과 의무를 강조하며 신뢰, 소통 등 사회자본을 중시한다. 즉, 사회공동체 구성원들의 소양과 덕, 관용정신을 바탕으로 하는 건강한 공동체를 추구한다.

셋째, 공치(共治)이다. 공치는 최근의 용어로 표현하면 거버넌스일 수도 있고, 또는 각 사회구성원들 간의 소통과 협력을 통한 국가운영이라고 할 수도 있다. 원래 공치는 왕정이나 귀족정과 시민정의 혼합정이 바람직하다고 한 아리스토텔레스 같은 그리스 철학자의 사상이며 또한 로마시대에 실제로 추구되었던 혼합정의 정신과 연관된다. 그것이 현대에 와서는 정부 의사결정의 과정에서 정부 외연의 확장, 즉 정부와 시민과 기업이 사회발전을 위하여 협업한다는 의미에서의 거버넌스와 연결되는 것이라 할 수 있다. 현 정부 역시 맞춤형 정부 또는 정보의 개방과 공유, 그리고 사회 참여자 간의 참여와 소통을 강조한다는 점에서 공치의 전통과 근접하다고 하겠다.

2. 박근혜정부 국정철학의 배경으로서 국민행복

■ 희망의 새시대
- ○국민은 무엇을 원하는가?
- ○변화의 꿈(발전)

■ 행복의 속성
- ○자아실현(꿈)/ 발전이 요구됨
- ○개인적, 주관적 요소
- ○개인적 요소(노력, 특성)와 함께 복지기반 필요
  - –정부는 복지기반을 강화하기 위해 노력
  - –개인에 대한 고려, 커뮤니티 중요

국정철학으로 다시 돌아가서 박근혜정부가 국정비전을 '희망의 새시대'라고 했는데 도대체 어떤 것이 희망의 새시대인가 하는 것이다. 국민이 희망을 갖는다 할 때 그 희망은 발전(progress)을 이야기하는 것이어야 한다. 발전이 있어야 희망이 있지 퇴보에서 국민이 희망을 가질 수는 없기 때문이다. 그러므로 국정비전이 말하는 희망의 새시대란 우리 사회가 어제보다 오늘이, 오늘보다 내일이 나을 것임을 상정하는 것이어야 한다. 문제는 무엇의 발전인가 하는 것이다. 박근혜정부는 바로 국민의 삶이 행복해지는 시대를 열겠다는 결연한 의지를 국정비전으로 제시하였다. 즉, 발전을 국민이 피부로 느끼는 행복으로 직접 평가하게 하고자 한 것이 박근혜정부의 국정비전인 것이다. 이는 새정부 출범을 준비한 대통령직인수위원회에서 제시한 국정비전, '국민행복, 희망의 새시대'에 보다 명확히 표현되어 있다. 그렇다면 왜 박근혜정부는 국민행복을 국정철학의 중심에 두었을까? 그 이유는 크게 보아 국가발전의 성취와 한계, 시민사회의 성장 및 발전에 대한 새로운 관점 대두 등 세 가지로 정리할 수 있다.

1) 국가발전의 성취와 한계

■ 국가발전의 성취와 한계

○ 눈부신 국가발전의 성취

- 2010 국민소득 2만 불 초과, 세계 9번째 무역 1조 달러
- 세계 7번째 20-50클럽 가입(2012)
- 원조수혜국에서 공여국으로, 최빈국에서 선진국으로
- 1인당 GDP $23,679(2012, 세계 34위)
- 산업화와 민주화를 동시에 달성

○ 저출산, 고령화 등으로 성장동력 저하

- 2011년 2분기부터 2013년 1분기까지 GDP 0% 성장, 2분기 1.1% 성장
- 세계 최저수준의 출산율(2011): 한국 1.24, 미국 2.12, 프랑스 2.0, 영국 1.96
- 현재 출산율 지속 시 2305년 남자 2만 명, 여자 3만 명으로(유엔미래보고서, 2009)
- 고령화 인구비율(65세 이상): 7.2%(2000), 11%(2010), 32.3%(2040), 38.2%(2050)

○ 양극화(소득계층 간, 대기업-중소기업, 수출-내수, 고용불안, 청년실업)

- 소득 상위 1%의 비중 7.22%(1995) → 16.6%(2011)
- 지니계수 0.251(1995) → 0.289(2010)
- 10대 재벌 매출액 946조 원(GDP 1,237조 원 76%)
- 청년층 고용률 OECD 국가 중 최하위(OECD평균: 39.5%, 한국 23.1%)
- 국민의식 여론조사: 서민층 62.3%, 중산층 29.6%, 빈민층 5.9%, 부유층 1.6%(경향신문&현대리서치)
- 자살률: OECD 국가 중 1위
- 행복지수: 148개국 중 97위(미국 갤럽, 2012)

○ 전반적으로, 국가성장이 국민행복으로 선순환되지 못함

- 성장정체에 따른 미래 불안
- 양극화로 인한 발전 체감이 미흡
- '나'의 '행복' 문제 부각 → 국민 개개인의 행복증진에 관심 필요

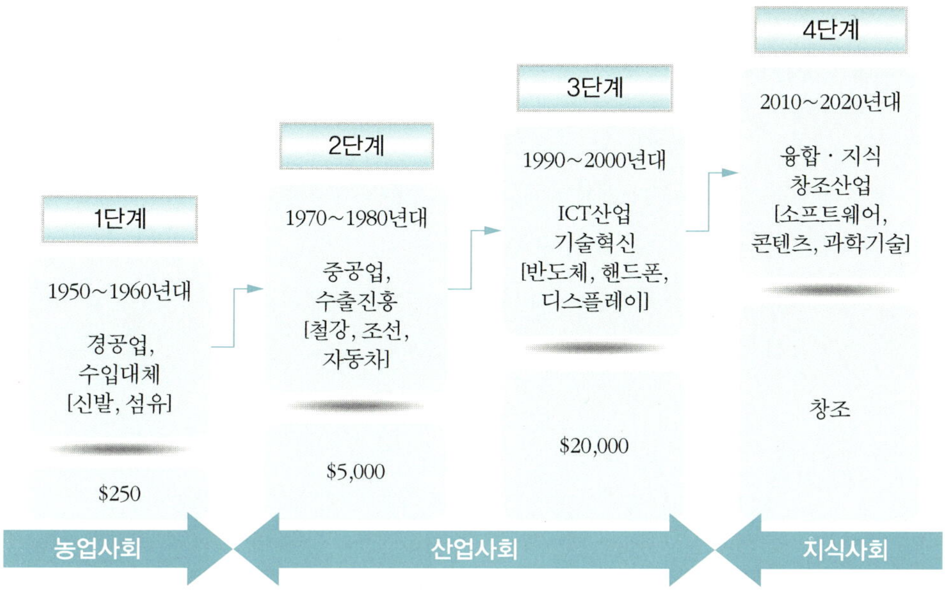

〈그림 II-1〉 성장 패러다임의 한계

우리나라는 그간 세계에서 유래를 찾기 어려운 국가적 성장을 이룩하였다. 경제성장에서 괄목할 만한 성과를 거두었음은 물론, 정치적으로도 민주화를 성취한 예외적인 국가성장을 이룩하였다. 이 정도의 국가사회적 성취를 이루었다면 당연히 국민의 행복감 역시 진전되었어야 하는데 실제로는 그렇게 느끼지 않고 있다는 것이다. 한 조사(미국 갤럽, 2012)에 의하면 한국 국민의 행복지수는 조사대상 148개국 중 97위였으며, 자살률은 OECD 국가 중 1위를 기록한 바도 있다.

그렇다면 왜 국민은 행복하게 느끼지 않는가? 국가발전의 한계가 중요한 이유로 제시될 수 있다. 국가발전의 한계는 성장의 정체와 사회양극화 문제로 나눌 수 있다. 먼저, 성장정체는 〈그림 II-1〉에서 확인할 수 있듯이, 한편으로 저출산 · 고령화 등에 따라 성장동력이 저하됨으로써 나타난 현상이고, 다른 한편 정보화 사회, 산업사회에서 창조지식사회로 넘어가면서 그 시대에 마땅한 성장동력을 제대로 찾지 못하는 데서 나오는 것이다. 성장이 중단 내지는 정체되는 상황에서 밝은 미래가 가시화되지 않음으로써 행복의 저해요인이 되고 있는 것이다. 다음으로 양극화 문제 때문에 국민이 행복을 체감하지 못하고 있다. 안타깝게도 양극화는 소득계층 간, 대기업과 중소기업간, 수출기업과 내수기업 간, 그리고 기성세대와 청년세대 간에 확산적으로 심화되고 있다. 이런 요인들이 국가성장이 국민행복으로, 또한 국민행복을 통한 국가성장으로 선순환되지 못하는 원인으로 작용하고 있다고 할 수 있다. 그리고 이러한 상황은 정부로 하여금 국민행복의 문제를 중요 문제로 인식하도록 요구한다.

2) 시민사회의 성장

■ 시민사회의 성장
- ㅇ다양한 요구의 분출
- ㅇ사회 전체에서 소규모 집단으로, 관심의 미시화

시민사회의 성장도 국민행복을 국정철학의 중심으로 위치시키는 데 기여하는 요인이다. 1987년 6.10항쟁 이후 한국 시민사회는 비약적인 성장을 이루어 왔다. 시민사회의 성장에 따라 국민의 요구수준이 커지고, 보다 더 다양화되어 가고 있는데 이러한 상황에서 기존의 정부운영 패러다임으로는 보다 다양화되고 고양된 시민수요에 제대로 부응하는 데 한계가 있을 수밖에 없다. 그렇다고 해서 정부가 이를 외면할 수는 없는 노릇이다. 자칫 그 같은 요구에 제대로 부응하지 못하면 시민사회의 거부감은 임계치를 넘게 되어 정부불신으로 이어지고, 이는 다시 정부를 무력화시켜 국민불행을 초래할 우려가 있다. 이러한 상황에서 정부가 국민행복을 국정철학의 중심가치로 삼는 것은 오히려 당연하다. 또한 그 같은 관점에서 국민과의 협력과 소통, 신뢰, 사회자본 등에 관심을 갖는 것도 당연하다. 작고 효율적인 그리고 역량 있는 정부를 만들고 시민사회와 소통하여 파트너십을 형성함으로써 함께 국가적 과제들을 해결해 나가는 것은 더 이상 선택의 문제가 아니다.

3) 발전에 대한 새로운 관점 대두

■ 발전에 대한 새로운 관점 대두
- ○ 과거(past): 경제성장을 발전으로 간주
- ○ 최근(now): 행복국가(질적 복지)를 지향
  - –성장경쟁 이후 복지국가를 추구하던 선진국의 성찰(beyond GDP)
  - –사회복지에서 사회웰빙(행복)으로 전환 추세
- ○ 지방정부 서비스를 통한 구체적인 주민행복감 증진 필요
  - –삶의 질(QOL), 더 나은 삶(better life), 커뮤니티 웰빙(community wellbeing)의 강조

국민행복에 대한 관심 집중의 또 다른 배경요인은 최근 대두되고 있는 발전에 대한 새로운 성찰을 들 수 있다. 과거에는 국민이 국가경제의 성장을 발전으로 간주하였기 때문에 경제성장의 기대만으로도 희망의 새시대로 치부할 수 있었다. 그러나 이제 더 이상 경제성장만으로 국가발전을 이룩했다고 주장하기는 어려워졌다. 최근 선진국을 중심으로 한 많은 국가는 성장경쟁 이후에 복지국가를 추구해 왔지만 그러한 복지국가가 국민에게 실질적으로 진정한 행복을 가져다 주지 못한다는 반성을 하기 시작하였다. 그 결과 과거 GDP 중심으로 발전을 측정하고 평가하던 경향에서 최근에는 이른바 GDP를 넘어서서(beyond GDP) 발전을 생각하려는 현상이 전 세계적으로 확산되고 있다. 그래서 삶의 질(Quality Of Life), 행복지수(Happiness Index), 웰빙커뮤니티(wellbeing community) 등에 대한 활발한 논의가 전개되고 있다.

〈표 II-1〉에 나타난 자료는 GDP가 국가발전을 제대로 보여 주지 못함을 웅변적으로 보여 준다. OECD 국가의 GDP와 종합지표로서의 웰빙지수의 상관성

〈표 II-1〉 OECD 국가의 GDP와 Wellbeing 관련 지수 비교

Country	Environment	National Wealth(GDP)	Government spending	Democracy	Income equality	Peace	Human Right	Overall wellbing
Sweden	3	12	1	3	1	4	4	1
Norway	7	2	9	4	2	1	4	2
Denmark	2	3	2	2	6	2	2	3
Finland	10	10	3	1	3	3	1	4
Netherlands	8	5	5	5	5	8	3	5
Austria	1	6	6	12	8	5	9	6
Germany	6	9	11	9	7	9	6	7
Canada	12	4	10	7	10	6	8	8
Belgium	11	8	4	10	4	7	7	9
France	5	14	8	13	9	12	10	10
UK	3	13	12	8	12	13	11	11
Australia	14	7	13	6	11	10	13	12
Italy	8	11	7	14	12	11	11	13
USA	13	1	14	11	14	14	14	14
OWB correlation	5	6	10	12	13	14	14	NA

을 보면 노르웨이나 덴마크와 같이 GDP 순위와 웰빙지수가 높은 상관성을 보이고 있는 나라도 있으나 핀란드, 캐나다, 호주 등에서는 GDP 순위와 웰빙지수 간 격차가 적지 않음을 알 수 있다. 특히 스웨덴의 경우 GDP는 12위에 머무르고 있지만 전반적인 웰빙지수는 1위를 달리고 있고, 미국의 GDP 순위는 1위이지만 웰빙지수는 최하위인 14위로 나타난 점은 GDP와 웰빙의 상관성을 낙관적으로 볼 수 없는 증거가 된다. 이러한 증거는 경제성장을 넘어선(beyond GD) 지표로서의 웰빙과 같은 새로운 발전지표에 대한 관심을 요구하는 배경요인이 되고 있다. 이러한 요청은 한국에 대해서도 예외가 아니다.

종합하건대, 박근혜정부는 결국 우리나라가 처해 있는 현실, 시민사회의 성장, 그리고 전 세계적으로 확산되고 있는 발전에 대한 새로운 관점을 배경으로 국민행복 중심의 국정철학을 주창하게 된 것이라고 설명할 수 있다. 일찍이 박근혜 대통령이 선거캠페인 과정에서 국민행복에 대한 생각을 제창하였고, 그 국민행복이 보다 체계화되어 제시된 것이 국정비전과 기조인 것이다. 이때 국정비전과 기조는 국민행복을 위해서 국가가 존재하고 국민을 행복하게 하면 국가가 발전한다는 선순환적인 관점을 기반으로 전체적 틀을 구성하고 있다.

4) 과거 정부와 박근혜정부의 국정철학 비교

■ 정부 간 국정철학 비교(사회구조 영향 측면)

노무현정부 (2003~2007)	이명박정부 (2008~2012)	박근혜정부 (2013~)
• 국민참여시대 • 참여주의(주민투표, 소송, 소환 2004-6) • 쟁투, 갈등 증폭	• 국민성공시대 • 경쟁사회(능력대로 갖는 사회, 강자 중심) • 자유주의(no care)	• 국민행복시대 • 공생사회(베푸는 사회) • 복지자유주의, 공화주의 지향

정부 간 국정철학을 비교해 봄으로써 박근혜정부 국정철학의 위치를 보다 정확히 파악할 수 있다. 먼저, 사회구조의 변화방향을 기준으로 비교해 보자. 노무현정부는 분권과 참여를 국정기조로 천명하면서 '국민참여시대'를 구가하였다. 주민투표, 주민소환, 주민소송, 주민발안 등 직접민주제의 근간제도가 모두 노무현정부하에 법률화된 것이 그 같은 평가를 뒷받침한다. 다만 분권과 참여를 강조하는 과정에서 요구와 대응능력의 격차로 사회적 갈등과 쟁투가 증폭되어 사회변혁의 의도와는 달리 실제 사회변화는 제한적이었다.

이명박정부는 자유와 경쟁을 사실상의 정책기조로 하여 '국민성공시대'를 추구했다고 볼 수 있다. 사회는 능력대로 경쟁하여 성취하는 경쟁사회의 모습을 보였다. 기업경쟁력과 규제완화가 강조되는 반면, 사회적 약자 보호나 지방발전에 대한 관심이 적었던 것이 증거이다. 사회구조의 변화는 크게 의도되지 않았고 결과로 나타나지도 않았다.

박근혜정부는 국민분권과 참여, 자율과 경쟁 같은 과정적 가치 대신, 개개인의 눈높이에서 국민행복이라는 결과적 가치를 추구하며 '국민행복시대'를 열고자 한다. 자유주의에 근간하되 개인의 행복과 복지 확장을 위한 복지자유주의와 궤를 같이하면서, 법질서와 정부-국민 간 소통과 협력에 기반을 둔 공화주의적 색채를 띤다. 이제 시작이지만 지나치게 차별적이지 않은 모두가 행복한 사회로의 변혁을 추구한다. 이렇게 볼 때, 박근혜정부는 이전 정부에 비하여 과정보다는 결과적 가치에 집중하고, 중산층이나 열위층 어느 한쪽에 경도되기보다는 포괄적 입장을 취하며, 개인 차원의 행복에 집중함으로써 탈이념적 정부운영을 추구하려 한다는 차이를 보이는 것으로 판단된다.

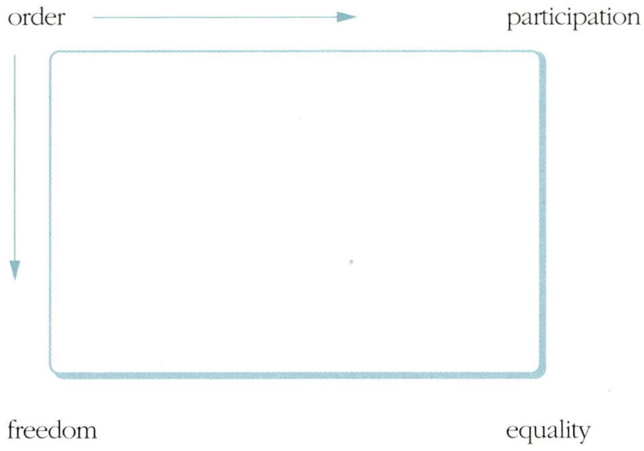

〈그림 II-2〉 국정철학의 이념적 지향

정부 간 국정철학의 지향을 민주정치의 딜레마적 요소를 기준으로 비교해 볼 수 있다. 민주정치의 딜레마란 전통적으로 자유와 질서 간의 선택에 대한 딜레마와, 현대 산업사회 이후 개인의 자유와 평등의 문제를 포함하는 딜레마를 의미한다. 이에 더하여 시민사회 성장에 따라 부각되어 온 참여를 현대적 딜레마 요소로 포함할 수 있다(〈그림 II-2〉 참조).[1] 모든 민주정부는 민주정치의 딜레마를 어느 쪽에 강조점을 두고 해결하려고 하느냐에서 차이점을 보인다. 노무현정부는 분권과 참여를 국정기조로 제시했던 정부이다. 노무현정부는 적어도 국정철학의 관점에서는 자유보다는 참여와 평등에 두 발을 짚고 서서 그 범주를 확고히 하고자 노력한 정부라고 할 수 있다. 반대로 이명박정부는 자유와 질서에 중심을 두고 경쟁력 강화를 위해 노력한 정부로 평가받을 수 있을 것이다. 이전의 두 정부와 비교하여 박근혜정부는 자유와 질서를 근간으로 참여와 평등을 포용하면서 최종 성과로서 국민행복을 강조하는 정부라고 할 수 있다. 박근혜정부의 이념적 정향이 때로는 모호한 것처럼 보이는 이유일 것이다.

1) 생각건대, 참여는 평등실현의 수단으로 평등과 같은 선상에서 제시될 수 있는 요소이기도 하지만, 자유실현을 위한 적극적 수단도 될 수 있다는 점에서 별도의 요소로 이해할 수 있다.

5) 국정전략과제

국정비전: 희망의 새시대

4대 국정기조	14대 전략	140개 국정과제
• 경제부흥 • 국민행복 • 문화융성 • 평화통일 기반 구축	• 창조경제 • 국민안전 • 모두가 누리는 문화 • 한반도 신뢰프로세스 • 신뢰받는 정부 등 … 14개	• 창조경제생태계 조성 • 서민생활 안정 • 생애주기별 맞춤형 복지 • 전문인재 및 평생학습 • 범죄로부터 안전 • 지역 균형발전, 지방분권 • 문화참여 기회, 문화격차 해소 • 튼튼한 안보, 지속가능한 평화 • 정부3.0 등 … 140개

신뢰받는 정부(유능, 투명, 서비스)

박근혜정부는 희망의 새시대를 국정비전으로 삼고 경제부흥, 국민행복, 문화형성 및 평화통일 기반 구축을 4대 국정기조로 제시하면서 이를 실천하기 위한 전략으로서 창조경제, 국민안전, 신뢰받는 정부 등 14대 전략, 그리고 세부전략으로 생애주기맞춤형 복지, 범죄로부터의 안전, 지역 균형발전 및 지방분권, 정부3.0 등 140개 국정과제를 제시하였다. 정부3.0은 국정기조에서는 제외되었으나 국정철학을 실천하기 위한 국정전략과 국정과제에 명시적으로 포함되어 있다.

〈표 II-2〉 박근혜정부 국정목표의 분야별 변화

분 야	현 재		미 래
국정 중심	국가	⇒	국민 개개인
경제성장 패러다임	선진국 추격형	⇒	세계시장 선도형
	투입 중심 양적 성장 (경제성장률)		생산성 중심 질적 성장 (고용율)
	수출, 제조업, 대기업 중심의 불균형 성장		내수, 서비스, 중소기업 중심의 균형 성장
	원칙이 무너진 자본주의		원칙이 바로 선 자본주의
사회발전 패러다임	성장 → 복지 단선적 인과관계	⇒	성장 → 복지 순환적 인과관계
	물리적 자본주의 (사회기반시설)		사회적 자본주의 (신뢰공동체)
	안전불감증		안전제일
정부운영 패러다임	정부주도, 민간순응	⇒	민관협치, 소통
	정책집행 중심		정책평가 중심
	부처 간 칸막이		부처 간 협력

자료: 대통령직인수위원회(2013a), (2013b), 행정개혁시민연합(2013) 종합.

박근혜정부의 국정전략과제를 살펴보면 크게 세 가지 분야에서 다음과 같은 변화를 지향하는 것으로 판단된다(대통령직인수위원회, 2013a; 2013b; 행정개혁시민연합, 2013).

첫째, 경제성장 패러다임은 국가 전체의 총량적 성장보다는 국민 중심의 성장을 지향한다. 이는 선진국 추격형 성장에서 세계시장 선도형 성장으로, 노동·자본 투입 중심의 양적 성장에서 생산성 중심의 질적 발전으로, 수출·내수산업, 제조업·서비스업, 대기업·중소기업 간의 불균형 성장보다는 취약부문의 생산성을 제고하여 부문 간에 균형을 이루고, 나아가 원칙이 바로 선 자본주의로서의 시장경제를 발전시키고자 함을 의미한다.

둘째, 사회발전 패러다임은 기존의 단선형 · 분절형보다는 순환형 · 통합형을 지향한다. 즉, 성장에서 복지로의 단선적 관계에서 성장과 복지의 선순환관계를 정립하고, 물리적 자본과 더불어 사회적 자본을 축적하며, 후진국형 안전불감증을 탈피하여 국민의 안전을 우선하는 사회로의 변화를 의미한다.

셋째, 정부운영 패러다임은 일방적 집행보다는 소통과 협업을 지향한다. 즉, 정부 주도 · 민간순응형에서 민관협치와 소통, 정책집행 중심에서 정책평가 중심, 부처 간 칸막이에서 부처 간 협력으로의 변화를 의미한다.

특히 정부운영 방식과 관련된 강조점은 〈표 II-3〉과 같이 반복적으로 명확하게 제시되고 있다.

〈표 II-3〉 정부운영 방식과 관련된 박근혜 대통령의 강조점

- □ "저는 깨끗하고 투명하고 유능한 정부를 반드시 만들어서 국민 여러분의 신뢰를 얻겠습니다." (2013. 2. 25, 대통령취임사)
- □ "공공정보가 개방이 되면 민간부문에 창의와 활력을 더하게 되고 이를 통해서 새로운 가치창출이 가능해질 것입니다. 정보공개와 개방의 폭을 과감하게 확대하고 민간이 보다 쉽게 활용할 수 있도록 지원해 주시기 바랍니다." (2013. 4. 5, 안전행정부 업무보고 시)
- □ "각 부처마다 어떻게, 어느 수준까지 국민들에게 공공정보를 개방할 것인가, 부처 간에는 어떻게 정보를 공유할 것인가에 대한 계획이 먼저 있어야 합니다." (2013. 5. 13, 수석비서관회의 시)
- □ "비리나 잘못을 바로잡는 시발점은 공개라고 생각합니다. 유치원이나 어린이집에 대한 정보를 홈페이지 등에 공개하여 학부모가 선택할 수 있게 되고, 민간도 더 좋은 서비스를 할 수 있도록 개선하게 됩니다." (2013. 5. 20, 수석비서관회의 시)
- □ "항상 국민 눈으로 바라보고 국민 입장에서 생각하는 국민 중심 행정을 펼쳐 주시기 바랍니다. 행정편의에 맞춰 국민이 찾아오게 하지 말고 수요자인 국민 입장에서 불편한 점과 애로사항을 사전점검해 선제적으로 원스톱서비스가 이루어지게 해 주시기 바랍니다." (2013. 3. 16, 장차관 국정토론회 시)

자료: 관계부처 합동(2013a), (2013b).

3. 국정철학의 정책적 함의

■ 기본방향

○국민 개개인의 행복에 초점: 개별화

■ 정책적 함의

○미시적 접근(micro): 손톱 밑 가시 → 작은 것이 작지 않다

○지방 & 커뮤니티, 주민(local)

○맞춤형(fit): 국민 중심, 현장 중심 서비스

○선제적 서비스(CARE): credible/alert & accessible/responsible/equitable

○집행, 평가의 중요성: 예, 출산 이후가 더 중요

○협력 거버넌스: 주민이 목적

○문화, 행태 개선: 교육의 필요성

박근혜정부 국정철학의 정책적 함의를 보면 기본적으로 개별적인 국민행복에 초점을 두고 있다. 즉, 정책의 개별화가 국정철학의 기본적 특징이라고 하겠다. 보다 세분화해서 보면 첫째, 미시적 정책접근을 추구하는 것으로 이해된다. 손톱 밑 가시를 제거하는 조치를 강조하는 것은 결국 정책을 미시적으로 접근한다는 것이다. 미시적으로 보지 않으면 손톱 밑 가시는 결코 보이지 않는다. 작은 것에 대한 세심한 관심이 결국 국가 전체의 문제해결을 위한 단서가 된다는 것이다. 그런 미시적 접근은 공간적으로 지방의 커뮤니티와 그 커뮤니티에 살고 있는 주민에 대한 관심을 강화할 것을 요구한다. 그런 의미에서 지방이 중요해지고, 그보다 더 작은 지역사회가 중요해지며, 그 지역사회에 살고 있는 주민 개개인이 중요해지는 것이다.

둘째, 맞춤형 정책을 요구한다. 미시적으로 본다거나 지방적으로 본다는 것은

그곳에 살고 있는 주민 한 사람 한 사람의 개별적 수요에 관심의 초점을 맞추는 것이고, 수요자의 요구에 대응한다는 것이니 결국 맞춤형 서비스행정을 요구하는 것과 같다. 그와 같은 맞춤형 서비스를 제공하기 위해서는 필연적으로 현장 중심의 행정을 해야 한다. 맞춤형 서비스는 현장 중심형 서비스와 동전의 양면과 같은 성격을 갖는다. 이렇듯 미시적으로 접근하고, 지방을 중시하며, 국민 개인을 대상으로 맞춘다는 것은 결국은 국민(또는 지역주민)의 행복을 증진시키기 위한 서비스의 변화를 요구하는 것이다.

셋째, 국민행복을 증진시키는 서비스를 적극적으로 제공할 것을 요구한다. 구체적으로, 선제적(preemptive) 또는 능동적(proactive) 서비스를 제공해야 한다. 사실 선제적, 능동적 서비스는 미시적, 지방적으로 접근하고 개인맞춤형, 현장형으로 접근하기 위해서 공직자가 필연적으로 가져야만 하고 가질 수밖에 없는 행태적 요구이기도 하다. 선제적, 능동적 자세 없이 어떻게 미시적, 지방적, 맞춤형, 현장형 서비스를 제공할 수 있겠는가. 한편, 선제적 서비스는 다음 네 가지 요소를 포함할 때 진정 선제적인 서비스가 될 것이다. 그 요체는 헤아리는 서비스(CARE)에 있다. ① 믿음직하고 신뢰받는 서비스가 되어야 한다(credible). 서비스 제공에서 예측가능성 및 일관성이 필요한 이유이다. ② 모든 국민이 접근가능한 서비스를 제공해야 하며 이를 위해 신체적 이유 혹은 정보지식의 부족으로 서비스에서 제외되지 않도록 보다 용이한 채널을 확보해야 한다(alert and accessible). 이를 위해서 정부는 항상 긴장감을 갖고 국민의 요구와 불편의 파악에 진력해야 한다. ③ 책임 있는 서비스로서 일정 부분 이상 정부의 공신력과 재정으로 서비스 제공에서 지속가능성을 확보해야 한다(responsible). ④ 공정한 서비스를 제공하는 것이 필요하다(equitable). 이런 요소들이 포함될 때 진정 선제적, 능동적 서비스라고 할 수 있다.

넷째, 최종적인 서비스 제공의 결과가 국민행복에 얼마나 기여하고 있는지,

개선할 점은 무엇인지 확인하고 고쳐나가기 위한 모니터링과 평가를 요구한다. 이를 위해서는 세부 평가지표의 설계 · 적용 및 정례적 평가가 실질적 효과를 거두기 위한 의도적 노력이 요망된다.

다섯째, 협력 거버넌스의 지향을 요구한다. 정부가 국민에게 맞춤형 서비스를 제공하고 국민행복을 증진시키기 위해서 노력하는 것은 결국 정부는 목적이 아니고 수단인 점을 확실히 하는 것이다. 그렇기 때문에 국민행복을 강조하는 박근혜정부는 당연히 정부와 국민 간의 협력 거버넌스를 강조하게 되는 것이고, 국민은 단지 고객이 아니라 이른바 생산소비자로서 공공서비스 생산에 참여하면서 동시에 이를 소비하는 역할을 하도록 요구받는다.

끝으로, 국정철학이 의도대로 실천되기 위해서는 행정문화가 바뀌고 정부 공직자의 태도 및 역량이 개선되어야 하며, 동시에 국민의 의식수준과 역량도 바뀌어야 할 부분이 있다. 공직교육과 시민교육이 요구된다는 것이 또 다른 함의가 되겠다.

제3절 정부3.0의 이론적 근거

1. 정부실패와 시장실패

■ 시장과 공공부문의 특성

ㅇ시장: 가격에 의해서 수요와 공급의 자율적 균형, 시장실패의 가능성 존재

ㅇ공공부문: 공익을 위해 규제와 지원(또는 진흥), 정부실패의 가능성 존재

■ 정부와 시장의 관계

ㅇ시장실패와 정부실패의 양상과 정도에 따라 작용과 반작용

–상대적 우월성 논쟁 속에서 대립 또는 보완관계 유지

ㅇ시장과 정부는 톱니바퀴처럼 서로 맞물려 갈 필요

–각각의 부정적 요소를 최소화하고 긍정적인 요소를 극대화하는 노력 요청

■ 박근혜정부의 정부3.0

ㅇ시장실패와 정부실패의 복합적 문제극복 노력

–정보공개와 공유, 협력과 협치, 과학적 행정, 플랫폼 정부를 통한 국민행복 추구

ㅇ이론적 근간은 뉴거버넌스론에서 찾을 수 있음

사회구조는 크게 민간부문(시장)과 공공부문(정부)으로 나누어지며, 역사적으로 상대적 우선순위에 지속적인 변화가 있어 왔다. 일반적으로 시장 중심 사회구조의 경우는 수요와 공급의 균형점인 보이지 않는 손, 즉 가격 메커니즘에 의해서 자율적인 주고받기가 형성되는 특성이 있다. 반면에 정부 중심 사회구조의

경우는 정부의 규제와 지원(또는 진흥)에 따라 수요와 공급이 강하게 영향을 받는 특성이 있다. 이러한 두 기제는 시장실패와 정부실패의 양상에 따라 작용과 반작용이 일어났으며 과거에서부터 최근까지 상대적 우월성의 논쟁과 증거를 보이며 대립 또는 보완관계를 유지해 오고 있다(정용덕, 2001).

일반적인 시장실패는 가격을 통해서 자율적인 거래가 성립되지 못해 시장이 제 기능을 다하지 못하는 문제를 의미한다. 정보의 불충분성과 비대칭성, 무임승차자에 의한 공공재의 부족, 긍정적 또는 부정적 외부효과의 존재 등으로 가격기구가 작동되지 않는 것이다. 이러한 문제점들은 시장에 대한 정부개입을 정당화하고 결과적으로 큰 정부 등장의 원인을 제공하기도 하였다. 그러나 시장에 대한 정부의 개입은 오히려 시장의 자율성을 침해하여 정부개입 이전에 비해 관료적 비효율성(X-비효율성) 등의 더 큰 문제를 야기할 수도 있는데, 이를 정부실패라고 한다. 이러한 정부실패에 주목하여 다시 정부운영의 메커니즘에 시장원리를 적용하자고 주장하는 신공공관리가 주창되었으나 최근 글로벌 경제위기 상황에서는 다시 정부에 대한 역할기대가 커지고 있다.

사실 시장과 정부는 다소 이분되는 측면도 있으나, 톱니바퀴처럼 서로 맞물려 갈 필요가 있으며 시장실패와 정부실패에서 각각의 부정적 요소를 최소화하고 각각의 운영기제를 통한 긍정적인 요소를 극대화하는 노력이 요청된다. 최근 박근혜정부의 정부3.0은 시장실패와 정부실패의 복합적 문제를 정보공개와 공유, 협력과 협치, 과학적 행정, 플랫폼 정부를 통해 극복함으로써 국민행복을 이루려는 노력으로 이해되며, 이론적 측면에서 공공선택론과 뉴거버넌스론에 기반을 두고 설명이 가능하다고 판단된다.

공공선택론(public choice theory)은 정책주체의 측면에서 합리적 경제인 상정, 정책주체를 구성하는 정치가·관료의 선호 고려, 대의제 민주주의(특히 다수결

원리)의 한계, 정부개입의 비용 등을 중시하고 있어 공공부문의 비효율을 비판한다. 그러나 정책목적의 측면에서는 비화폐적인 것도 중요시하며 각 개인의 제약조건하에서의 효용의 극대화를 강조한다는 점에서 의미가 있다. 더불어, 정책수단의 측면에서 규칙, 제도, 시스템의 변경과 인간적인 유인책을 통한 X-비효율 개선, 사회계약을 통한 문제해결 등을 강조한다.

뉴거버넌스론(new governance theory)은 시민사회를 정부의 활동영역에 포함시켜 새로운 파트너로 인정한다. 정부조직, 기업, 시민사회, 세계체제 모두가 공공서비스와 관련하여 신뢰를 통한 네트워크(연계, 상호작용)를 구축하고, 시장논리보다는 협력체제를 중요시한다. 특히 뉴거버넌스론에서는 파트너십의 중시(정부, 시민사회, 시장의 파트너십을 전제), 유기적 결합관계(개별적 요인이나 요인들 사이의 단순한 상관관계가 아니라 유기적 결합, 네트워크의 공식적 · 비공식적 요인의 고려), 정치적 특성의 강조(자원배분 장치로서 경쟁적인 이익과 목표들을 조정), 행정조직의 재량성 중시(행정관리자는 임무의 효율적 집행자 & 연합정치의 적극적 참여자) 등의 특징을 가진다. 따라서 정부부문과 민간부문 및 비영리부문 간 협력적 네트워크를 통한 공공서비스 전달과정에서의 능률성과 효과성 제고에 강조점이 있다. 그러나 시민사회의 참여를 중시하는 뉴거버넌스가 성공하기 위해서는 성숙된 민주의식을 기초로 한 시민사회가 전제되며, 참여자 간의 책임문제가 모호한 부분에 대한 대비도 필요하다.

이러한 측면에서 공공선택론과 뉴거버넌스론은 기존의 시장실패와 정부실패의 대립적인 논쟁보다는 좀 더 가까이 이 둘 간에 동시에 나타날 수 있는 부정적인 문제들에 대한 해결 방향 또는 시사점을 준다. 특히 이들 이론은 시장과 정부문제의 근원을 이해하는 기초가 되며 시장실패와 정부실패를 극복하고자 하는 실천적인 측면에서 연계된다. 다음에서는 이러한 점을 고려하면서 각 이론의 기본적 의미를 고찰해 보고 정부3.0에 주는 보다 구체적인 함의에 대해 논

3. 뉴거버넌스론

■ 뉴거버넌스론의 이론적 기초

ㅇ뉴거버넌스는 전통적 국가통치 행위를 의미하는 거버넌스와 구별되는 개념으로 국민국가라는 한정된 범위가 아니라 정부조직(계층제)과 기업, 시민사회, 세계체제 등 이들 모두를 공공서비스와 관련된 네트워크(연계, 상호작용)로 강조하는 개념

ㅇ뉴거버넌스는 사회-정치적 환경과의 상호작용을 중요하게 취급하며 다양한 행위주체 간의 네트워크 강조

■ 뉴거버넌스의 핵심내용

ㅇ좋은 거버넌스는 정책결정, 입안, 집행과정에서 시민의 참여를 보장해야 하며, 정책과정에서 네트워크를 중요하게 고려해야 함

1) 뉴거버넌스론의 이론적 기초

거버넌스(Governance)는 정부의 의미 변화, 또는 공적인 업무의 수행방법 변화를 지칭하는 것으로(Rhodes, 1997), 공유된 목적으로 일어나는 활동에 초점을 둔다.

뉴거버넌스는 전통적 국가통치 행위를 의미하는 거버넌스와 구별되는 개념으로 국민국가라는 한정된 범위가 아니라 정부조직(계층제)과 기업, 시민사회, 세계체제 등 이들 모두가 공공서비스와 관련하여 네트워크(연계, 상호작용)를 강조하는 개념으로 정의될 수 있다(이명석, 2002 등).

이에 따라 피터스(Peters, 1996)는 시장적 정부(market government), 참여적 정부(participative government), 유연한 정부(flexible government), 그리고 탈규제정

부(deregulated government) 등 뉴거버넌스 정부를 위한 네 가지 유형을 제시하였다.

2) 뉴거버넌스의 주요 내용과 적용범위

뉴거버넌스는 사회 · 정치적 환경과의 상호작용을 중요하게 취급하므로 행정서비스의 질 향상을 위해서는 조직 내부문제뿐만 아니라 조직 외적인 요소들과의 상호작용도 중요하게 고려한다. 이로 인해 거버넌스의 가장 중요한 특징은 중앙정부, 지방정부, 정치적 · 사회적 단체, NGO, 민간조직 등의 다양한 구성원들로 이루어진 네트워크를 강조한다는 점이라고 할 수 있다. 네트워크 구조하에서 다양한 참여자들은 미션과 권한을 공유하고 공적 문제에 대한 공동의 해결을 추구한다. 사회의 자기조향 능력(self-steering capacity)이 강조되고, 공동규제(co-regulation), 공동생산(co-production), 공동지도(co-guidance)가 강조되는 방향으로 이동되고 있다(Kooiman, 1993).

네트워크 참여자들은 상호 독립적이지만 동등한 지위와 권한을 가진 것은 아니다. 권위주의시대 전통적 정부는 다른 행위자들에 비해 우월적 입장이었으나 네트워크하에서의 정부의 기본적인 입장은 조정자의 역할이라고 볼 수 있다. 바우어(Bauer, 2004)가 제시하고 있는 좋은 거버넌스 모델에서도 정부를 단순한 관리의 행위자로만 보고 있지는 않은데, 좋은 거버넌스가 되기 위해서는 정책결정, 입안, 집행과정에서 시민의 참여를 보장해야 한다는 것이다. 뉴거버넌스 관점에서 국가능력은 국가가 스스로 사회에서 바람직한 변화를 수행할 수 있는가의 여부가 아니라 그런 목표를 달성하는 데 필요한 자원을 동원하고 연합을 이끌어 낼 수 있는지에 따라 판단된다(Pierre & Peters, 2000: 265).

4. 이론적 시사점

■ 다양한 변화와 요구

- 정부와 국민의 관계에 대한 정의와 소통방식의 패러다임 전환이 두드러짐
- 공공정보(public information) 수집 및 배포의 중요성이 강조됨
- 작은 정부에 대한 요구와 동시에 정부의 역할 강조

■ 정부3.0은 개방, 소통, 공유, 협력을 목표로 10대 전략과제 설정

- 정부3.0은 다양한 정보의 개방과 공유, 국민의 참여확대를 통한 공공정책의 민주성과 투명성에 대한 요구에 대응하기 위한 흐름임
- 중앙의 정부부처 간, 국가와 지방자치단체 간, 각급 지방자치단체 간 각 수준에서의 부서 간 협업과 연계의 중요성을 강조하면서, 공공재와 공공서비스의 공동생산, 공공정보의 적극적 공개와 활용을 통한 부가가치 창출, 복지수요에 대한 맞춤형 대처 등을 주요 내용으로 하고 있음

■ 공공선택론의 시사점

- 국민의 다양한 선호에 대한 맞춤형 서비스를 제공하기 위해서는 공동체의 협력과 협치가 필요하다는 점
- 정부와 시장의 복합적인 문제해결을 위해서 정부와 국민이 쌍방향 소통을 통해서 어떻게 제도를 설계하는가가 중요함
- 공유재산 관리 등에서 '피플파워(people power)'가 중요하다는 점에서, ICT 등의 기술이 아닌 사람 중심의 정책방향 설정 필요

■ 뉴거버넌스론의 시사점

- 국정운영에서 민주적 책임의 강화를 전제로 시민사회의 참여와 적극적 협력 강조
- 복잡한 공공문제의 해결책을 모색함에 있어서 능동적 공공정보 공개와 개방, 공유와 소통을 통한 문제해결 지향

1) 정부-국민 관계의 변화 수용

1970년대 이후의 신자유주의적 시장경제의 확산은 정부와 국민을 관리자(manager)-고객(customer) 관계로 정착시켰다(Vigoda, 2002). 정보통신기술 발전에 힘입은 전자정부 구축과 신공공관리 원리에 입각한 정부혁신이 진행되면서 정부와 국민의 관계에 대한 철학적 토대가 재정립되고 소통방식의 전환이 두드러졌다.

또한 공공정보(public information)의 수집 및 배포의 중요성이 강조되었다(Hood, 1986; Howlett, 2009). 정보비대칭에서 발생하는 도덕적 해이(Moral Hazard)와 역선택(Reverse Selection) 등의 문제를 해결하기 위해 정부가 적절한 공공정보를 발굴해 제공할 필요가 있다는 것이다(Weimer & Vining, 2005).

동시에 정부의 공공재 공급은 비효율적이어서, 최적생산량에 도달할 수 없고 예산균형요구와 대립적이면서 종종 주인의 이익을 저버리는 대리인의 문제를 노정하게 되면서 정부는 작아야 아름답다는 주장(Kaiser, 2007: 445)과 함께, 역설적으로 사회안전망의 확충, 안보와 복지에 대한 수요확대, 동반성장, 기후·환경변화, 에너지·식량부족 등 대내외적 불안요소의 존재로 인해 정부가 너무 작으면 문제해결 역할을 할 수 없다는 것이 강조되기도 한다.

글로벌 경제위기 등 국가적 현안이 산적한 상황에서, 박근혜정부는 개방, 소통, 공유, 협력을 기치로 정부3.0을 제안하고 있다.[2)] 최근 SNS의 발달 등 지식정

2) 독점적 공공재 생산자인 정부는 오랫동안 국민에게 일방적으로 공공재를 공급함으로써 실질적인 수요와 과잉수요에 대해 민감하게 반응하지 못하였다(정부1.0). 따라서 공공부문의 공공재 생산은 비효율적인 수준에서 결정되고 사회적으로 요구되는 가격수준보다 낮은 가격으로 공급됨으로써 무임승차(free-ride)의 문제가 대두되었다. 이는 공공재의 생산과 공급에서도 정보의 비대칭이 존재하기 때문이며, 이러한 정보비대칭 문제를 해결하면 공공재 또한 최적수준에서 생산량이 결정될 수 있음을 의미한다. 한편, 고객(국민)의 수요를 반영한다는 정부2.0에서는 행정수요가 복지를 중심으로 급증하여 정부의 재정적자 폭이 확대되면서 지속가능성에

보사회로의 전환은 정부와 국민의 관계를 공동생산 및 협력관계로 변화시키고 공공정보의 개방과 공유, 국민의 참여 확대를 통해 공공정책의 민주성과 투명성을 확보함으로써 창조경제를 열어가는 정부운영의 패러다임을 제시하고 있다고 이해할 수 있다. 즉, 정부3.0은 변화된 정부–국민 관계를 수용하고 이를 토대로 공공의 문제를 공동으로 대처하고자 하는 방법론으로서의 의미를 가진다고 하겠다.

2) 공공선택론의 시사점

정부3.0은 국민 각각의 선호를 고려한 맞춤형 서비스를 제공한다는 점에서, 그리고 이러한 개별적 선호를 통해 전체적인 이익을 창출하기 위한 제도화의 방식을 강조한다는 점에서 공공선택론 관점의 최근 논의와 관련성이 높다.

과거 공공선택론의 논의들은 정부를 공공재의 생산자로 그리고 시민을 소비자로 규정하고, 시민의 편익을 극대화할 수 있는 서비스의 공급과 생산은 공공부문의 시장경제화를 통해 가능하다고 보았다. 따라서 공공서비스를 제공할 때에 시민 개개인의 선호와 선택을 존중하고, 경쟁을 통해 서비스를 생산하고 공급하게 함으로써 행정의 대응성을 높일 수 있다는 논의가 주를 이룬 것이었다.

그러나 최근에 오스트롬의 공공선택론에서 제도연구의 강조는 기존의 공공선택론의 논의와 다소 차이가 있다(Ostrom, 1999; 2005; 2010). 시장과 정부가 이분법적인 것이 아니며, 개인의 합리적 선택이 공공이익에 악영향을 끼친다는 '공유지(또는 공유재)의 비극' 현상을 공동체의 제도화를 통해서 해소할 수 있다고 본 것이다. 즉, 공동체를 중심으로 해결점을 찾을 수 있으며, 공유재산을 정부나

대한 문제가 제기된 것이다. 결국 적절한 수요조절과 공급역량의 확충과 지속가능하고 적절한 정부역할이 전제될 필요가 있으며, 이는 정부3.0의 핵심이라고 할 수 있다. 왜냐하면 정부3.0의 기본관점이 개방, 소통, 참여, 협업, 맞춤형 서비스 등이기 때문이다.

민간기업보다 더 성공적으로 관리할 수 있는 '피플파워(people power)'를 제안하고, 협력체계를 강조하고 있다.

결과적으로, 첫째, 국민의 다양한 선호에 맞춤형 서비스를 제공하기 위해서는 공동체의 협력과 협의가 필요하다는 점이다. 즉, 협력적 거버넌스에 기반을 둔 협업시스템을 통해서 국민에게 제공하는 맞춤형 서비스 전달이 용이해진다는 것이다.

둘째, 정부와 지방자치단체 등 공공기관의 일방적인 서비스 제공이 아니라 다양한 국민들의 선호를 소통을 통해 쌍방향의 관점에서 어떻게 제도화하느냐에 따라 결과가 상이할 수 있다는 점이다. 즉, 정부실패나 시장실패를 보정하는 데 일방적인 서비스 제공이 아닌 공동체의 제도화방식이나 설계 등이 중요함을 강조하는 것이다.

셋째, 공유재산을 정부나 민간기업보다 더 성공적으로 관리할 수 있는 '피플파워'를 중시할 필요가 있다는 점에서, ICT 등의 기술 중심이 아닌 사람 중심으로 정책방향을 모색해야 한다는 것이다.

3) 뉴거버넌스론의 시사점

정부에 대한 국민의 요구가 다양해지고 환경의 불확실성이 증대하는 상황에서 뉴거버넌스는 유용하고 현실적인 대안을 제공한다. 정부의 일방적인 지시나 정책집행으로는 해결할 수 없는 사회문제가 증가함에 따라 이를 둘러싼 구성원 간의 협력이 요구되고 있기 때문이다. 이러한 측면에서 뉴거버넌스가 정부3.0에 주는 이론적 시사점을 살펴보자.

일반적으로 뉴거버넌스에서는 지역사회에서부터 국제사회에 이르기까지 여러 공공조직에 의한 행정서비스 공급체계의 복합적 기능에 중점을 둔다. 거버넌스는 다양한 조직이 수행하는 공공활동, 즉 공공서비스의 공급체계를 구성하는 다원적 조직체계 내지 조직네트워크의 상호작용 패턴으로서 인간의 집단적 활동으로 파악한다. 특히 시민사회를 정부의 활동영역에 포함시켜 새로운 파트너로 인정함으로써 정부조직, 기업, 시민사회, 세계체제 등 공공서비스와 관련하여 신뢰를 통한 네트워크(연계, 상호작용) 구축이라는 협력체제를 강조하고 있다. 그러나 시민사회의 참여를 통한 성공을 위해서는 성숙된 민주주의가 전제되어야 하고, 참여자들의 지위가 불명확하여 문제가 발생했을 때 그 책임 소재를 명확히 하는 것이 중요하다.

뉴거버넌스 관점에서 정부의 역할은 목적 달성을 이끄는 지휘자 역할, 협동과 연계를 촉진하는 중재자 역할, 문제해결과 정책결정의 여건을 조성하는 조정자 역할을 수행해야 한다. 이러한 관점에서 행정관료들은 게임상황 관리, 협동, 조정, 연결망 형성 등의 새로운 기술(기법)을 습득해야 한다. 동시에 국민은 '시민으로서의 능력'을 향상시켜야 하는데, 이를 위해서는 보다 많은 정보가 실제로 손쉽게 이용할 수 있는 형태로 국민에게 제공되어야 한다.

III

정부3.0의 이해

제1절 정부3.0의 의미와 가치

1. 정부3.0의 개념요소

■ 정부3.0의 정의(안전행정부, 2013a; 2013b)

○ 공공정보를 적극 개방 · 공유하고, 부처 간 칸막이를 없애고 소통 · 협력함으로써, 국정과제에 대한 추진동력을 확보하고 국민 맞춤형 서비스를 제공함과 동시에 일자리 창출과 창조경제를 지원하는 새로운 정부운영 패러다임

■ 핵심키워드

○ 정보공개, 공유, 일자리 창출, 새로운 ICT 기술 및 빅데이터 활용 등 과학적 행정, 칸막이 해소, 맞춤 서비스로 사각지대 해소

■ 정부3.0의 방향(안전행정부, 2013a; 2013b)

○ 공공정보의 개방과 공유, 정부-국민 간의 소통과 협력

○ 맞춤형 서비스

○ 민간의 창의와 활력이 증진되는 혁신 생태계 조성

○ 부처 간 칸막이를 뛰어넘는 통합형 정부 운영

○ 민간의 능동적 참여를 유도하는 플랫폼 정부

■ 정부운영 패러다임의 변화

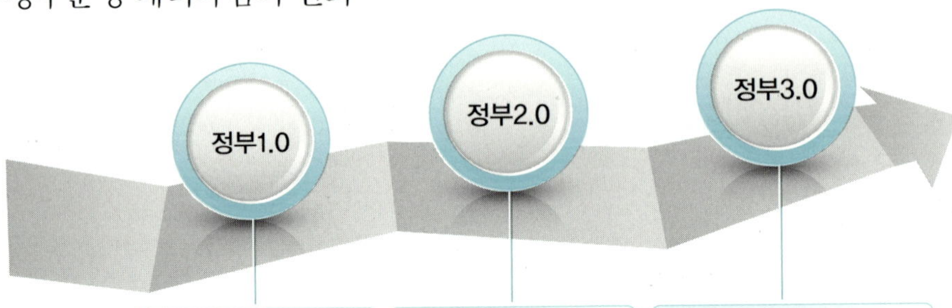

	정부1.0	정부2.0	정부3.0
운영방향	정부 중심	국민 중심	국민 개개인 중심
핵심가치	효율성	민주성	확장된 민주성
참여	관 주도 · 동원 방식	제한된 공개 · 참여	능동적 공개 · 참여 개방 · 공유 · 소통 · 협력
행정서비스	일방향 제공	양방향 제공	양방향 맞춤형 제공
수단(채널)	직접 방문	인터넷	무선 인터넷 스마트 모바일

자료: 정부3.0 홈페이지(http://gov30.kr/).

정보통신 및 과학기술의 발전 · 확산은 신산업을 창출하는 한편, 기존 전통산업의 생산성을 제고시켜 새로운 경제성장의 원동력으로 작용하고 있으며, 구글, 페이스북 등 지식과 콘텐츠를 창조하여 서비스하는 기업이 급성장하고 있다. 또한 SNS 등 소셜미디어의 확산으로 웹 2.0 정신이 인터넷 공간을 넘어서 일상생활 전반에 확산되고, 국민적 여론이 SNS를 통해 전국에 실시간으로 확산되기도 한다(명승환, 2012; 명승환 외, 2012). 이러한 새로운 환경변화에 대응하고 공공가치를 창출하기 위해서는 정부운영 패러다임이 변화되어야 하며, 이런 이유로 선진국들은 개방과 공유에 기반을 둔 정부2.0 혁신에 돌입하고 있다(아이앤유, 2011; 한국정보화진흥원, 2013a). 정부1.0을 공공기관의 정보 제공에 초점을 둔 일방적 의사소통으로 이해한다면 정부2.0은 개방과 공유에 바탕을 둔 정부와 국민간 양방향 정보교환을 중시한다는 차이가 있고, 정부3.0은 정부2.0의 한계를 뛰어넘어 구체적인 맞춤형 거버넌스를 지향한다. 특히 의미 중심(Semantic) 웹에 기반을 두고 공개, 공유, 소통, 협력을 바탕으로 개인별 맞춤행복을 지향한다는 것이 핵심가치라고 할 수 있다(한국정보화진흥원, 2007; 2013a).

정부3.0은 객관적으로 정의되어 있지 않고, 어떤 정형화된 형태를 지칭하지 않기 때문에 이에 대한 개념이해에 차이가 존재한다(홍필기, 2013). 한국정보화진흥원(2013a)에서는 이를 기술적 관점, 행정적 관점, 포괄적 관점의 세 가지 측면에서 논의하고 있다.

첫째, 기술적 관점에서 정부3.0은 차세대 전자정부로 이해할 수 있다. 즉, 국민생활의 변화와 더불어 사회의 패러다임이 근본적으로 변화되고 있으므로, 정부도 스마트 기술을 이용하여 정부 내부의 체질을 개선하고 서비스를 혁신하는 기회로 삼아야 한다는 것이다. 기술적 관점에서는 정부 업무와 서비스에 적용되는 기술에 따라 IT기술기반의 정부1.0, 인터넷기반의 정부2.0, 모바일 스마트기반의 정부3.0으로 구분하기도 하며, 웹의 발전과 연동하여 정부1.0(인터넷), 정부2.0(개방 · 공유 · 협업), 정부3.0(개인화 · 지능화)으로 분류하기도 한다.

둘째, 행정적 관점에서는 정부3.0을 변화된 정부 역할과 관련하여 이해한다. 국민의 요구 등 환경변화에 대응하여 정부행정의 근본적 변화가 필요하다는 인식하에 거버넌스 차원의 행정체계와 서비스 방식으로의 발전단계로 이해하는 것이다. 즉, 정부1.0(통치 또는 정부주도형), 정부2.0(조정 또는 국민참여형), 정부3.0(협치 또는 국민주도형) 등으로 대별하면서 국가운영의 거버넌스 변화로 이해하는 관점이다. 이렇게 볼 때 정부3.0은 정부가 국민의 다양하고 폭넓은 의견을 수용하고, 국민을 정책결정의 주체로 인식하는 협치를 이루어 내는 단계로 이해할 수 있으며 기능적 관점(focus)에서 정부가 해야 하는 일의 범위에 대한 새로운 인식이라는 특징이 있다.

기술적이고 동시에 행정적인 관점에서의 정부3.0 이해는 결국 포괄적(광의적)

관점에서 통합적으로 정리될 필요가 있다. 국민의 요구, 기술변화, 사회가치의 변화 등에 따라 정부의 역할과 지향점이 바뀐다는 관점에서 이해하는 것이다. 안전행정부는 이러한 포괄적 관점을 반영하여 "공공정보를 적극적으로 개방하여 국민과 공유하고 부처 간 칸막이를 없애고 협력함으로써, 국민 개인별 맞춤형 서비스를 제공하고, 일자리 창출 등 창조경제를 지원하는 새로운 정부운영 패러다임"으로 정부3.0을 정의하고 있다(관계부처 합동, 2013a; 2013b; 안전행정부, 2013g). 이러한 정부3.0의 핵심키워드는 협력, 소통, 맞춤서비스, 일자리 창출, 새로운 ICT기술 및 빅데이터 활용 등 과학적 행정, 칸막이 해소 등이며, 정부운영의 방향은 공공정보의 개방과 공유, 정부-국민 간의 소통과 협력, 국민 개개인의 행복에 초점을 두는 맞춤형 서비스 제공, 민간의 창의와 활력이 증진되는 혁신 생태계 조성, 부처 간 칸막이를 뛰어넘는 통합형 정부운영, 정부가 직접 개입하지 않고 민간의 능동적 참여를 유도하는 플랫폼 정부로 요약된다.

2. 정부3.0의 비전 · 전략과 가치

1) 정부3.0의 비전과 전략

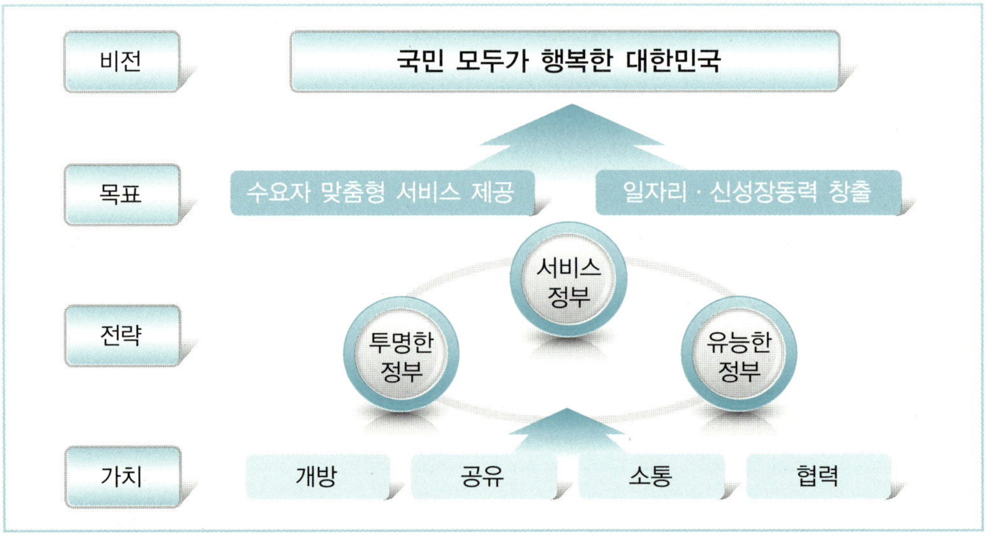

자료: 관계부처 합동(2013a), (2013b).

'희망의 새시대' 새정부의 국정비전 달성을 위한 4대 국정기조(경제부흥, 국민행복, 문화융성, 평화통일기반 구축)와 14대 전략(창조경제, 국민안전, 문화참여 확대 등), 140개 국정과제(창조경제 생태계 조성, 서민생활 안정 등)에 정부3.0이 포함되어 있다. 안전행정부(2013)에 따르면 정부3.0은 정부-지방-국민의 역량을 한 방향으로 모아 국정과제 해결 및 국민행복 달성을 목표로 설정하고 있다.

2) 정부3.0의 비전과 전략의 연계구조

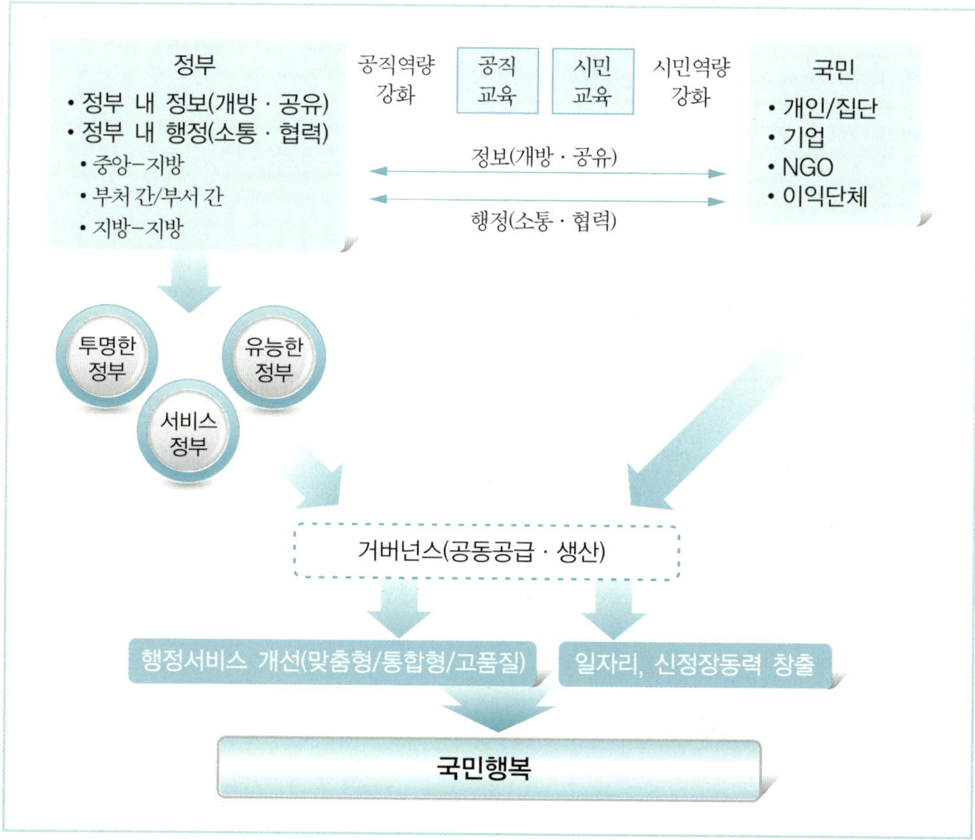

위의 그림은 정부3.0을 정부와 국민이라는 행위자를 중심으로 공공정보의 개방과 공유, 행정과정에서의 소통과 협력이 어떻게 거버넌스로 연결되고, 또한 어떻게 국민행복으로 이어지는지를 논리적으로 보여 준다. 구체적으로, 정부는

공공정보를 국민에게 개방하고 공유하며, 유용한 정보를 활용하여 창업과 각종 사업의 부가가치를 창출시킴으로써 일자리를 확충하고, 정부 내부에서의 소통과 협력 그리고 빅데이터와 ICT기술을 활용하여 투명하고 유능한 정부역량을 갖추어 최종적으로 국민의 복지, 나아가서 행복을 느낄 수 있도록 맞춤으로 서비스하는 정부로 만들어 가겠다는 것이다. 이 과정에서 국민과 정부, 부처와 부처, 중앙정부와 지방정부 등은 정보공유와 협력을 통해 양질의 공공서비스를 공동생산하는 협치에 참여하게 된다.

3) 정부3.0의 비전과 전략의 구성요소

정보체계	서비스체계	민관 거버넌스체계	역 량
○ 정부 → 국민 - 정보개방 확대 - 정보공유 확대 ○ 국민 → 정부 -합리적 여론 형성 (사실 기반) -여론투입 확대 -참여 증대 ○ 지도화(mapping) - 지역공동체 (community) - 지표체계	○ 칸막이 제거 ○ 부처, 부서 간 협업 강화 ○ 통합 서비스 ○ 맞춤형: 다양한 전달방식	○ 협치, 공동생산 확대 ○ 참여 거버넌스 -시민위원회 -공론조사 등 ○ 서비스 전달체계 -IGR -읍면동 체계 ○ 평가	○ 공직교육 ○ 시민교육

위의 표에서 보는 바와 같이 정부3.0 비전과 전략의 구성요소를 정보체계, 서비스체계, 민관 거버넌스체계, 그리고 역량을 기준으로 설명할 수도 있다.

첫째, 정보체계 측면에서 정부는 국민에게 공공정보를 개방하고 공유한다. 이에 따라 국민의 알권리가 충족되고 국민은 보다 정확한 정보(자료)를 기반으로 고양된 여론을 형성하고, 합리적 시민참여의 가능성이 높아진다. 특히 공간적으로 공공정보가 지도화(mapping)되면 지역별 현안과 행정수요가 일목요연하게 파악될 수 있고, 이는 지역공동체의 활성화와 행정서비스 제공의 효율성 제고에 크게 기여하게 된다. 복지프로그램을 예로 들어본다. 지금까지 부처별로 산재한 각각의 프로그램에 의해 개별적으로 수요파악, 출동, 조치 등이 이루어졌고 그 과정에서 소위 '깔때기 현상'이라는 공급역량의 한계가 노정되었다.[3] 그러나 향후, 적정한 지도화 작업이 이루어짐으로써 마을 등 일정 공간 내에 거주하는 주민의 행정수요가 종합적으로 파악되면 한 번의 출동으로 여러 가지 복지서비스를 제공할 수 있게 되어 깔때기 현상을 해소하면서 주민의 만족도를 크게 높일 수 있게 된다. 또한 지표체계를 합리화함으로써 중복되는 낭비를 최소화하고 정책의 실효성을 제고할 수 있다.

둘째, 서비스체계에서 가장 중요한 요소는 협업을 구현하는 것이다. 부처 간, 부처 내(부서 간), 기관 간 칸막이를 제거하고 협업을 강화해야 하며 서비스 대상의 요구에 맞춤으로 대응하기 위한 다양한 서비스 전달방식을 개발해야 한다. 특별히 행정효율화 측면에서 유념할 점은 통합 서비스체계의 구축과 적절한 운용이다.

셋째, 민간 거버넌스체계 차원에서 주목해야 할 것은 의사결정과 집행 그리고 평가이다. 의사결정에 형식을 맞추기 위해 동원되는 것이 아닌, 분야(정책의제)에 따라서는 공동결정 또는 민간이 실질적 결정권을 행사할 수 있는 제도적 장치를 강화할 필요가 있다. 아울러 참여하는 민간위원의 책임성과 결정의 신중성

3) 물론 깔때기 현상의 보다 근본적인 원인은 중앙의 각 부처가 각자 광역자치단체 또는 기초자치단체에 기능별 임무를 부여하고 광역은 자체적인 사업을 수립하여 이를 기초자치단체에 부여하는 등의 과정에서 현장의 업무담당자는 도저히 감당할 수 없는 업무량을 떠안게 되면서 공급의 병목현상이 벌어지는 데 있다고 할 수 있다. 해결책으로는 부처 간, 중앙-지방 간 원활한 협의와 협력으로 조정된 내용이 현장에 전달되는 것이 우선이고, 둘째는 필요정보, 장비, 인력 등 일선에서 일할 수 있는 여건을 마련해 주는 것이다. 특히 인력과 관련하여 일반행정직과 복지직을 복수직렬화하는 것을 검토할 필요가 있다.

을 위한 위원회제도의 보완 등이 수반되어야 하며 공론조사 및 분석, 공공문제 해결을 위한 창의적 대안설계 등 민간이 기여할 수 있는 영역을 중심으로 임무를 부여해야 한다.

넷째, 역량과 관련하여 지금까지 공무원에 대한 교육훈련은 상당부분 형식적으로 운영되고 있다는 비판을 받아 왔다. 이에 대한 대안으로는 교육훈련의 내용에 있어서 업무 적용성을 높이는 것과 함께, 공직자가 교육훈련에 보다 용이하게 참여하고 전적으로 몰입할 수 있게 개선할 필요가 있다. 정부3.0의 성공적 실현을 위해서 공직교육은 매우 중요한 요소이다. 새로운 환경변화에 효과적으로 대응하면서 협업과 맞춤형 서비스를 구현하기 위해서는 지금의 역량으로는 한계가 있기 때문이다. 이러한 요청은 시민의 경우에도 마찬가지이다. 준법정신, 건전한 문화의식, 국정에 대한 이해, 공익 또는 공공성의 중요성, 갈등관리 등의 덕목은 정부와 민간이 함께 결정하고 집행하며 성과를 평가하는 거버넌스의 작동을 위해서 국민이 갖추어야 할 역량이며, 따라서 이를 위한 적절한 시민교육프로그램이 시행되어야 한다. 이러한 시민교육을 위해 별도의 예산, 조직, 인력배치가 반드시 필요한 것은 아니다. 기본적으로 교육은 아웃소싱할 수 있는 기능이며 현재 시행되고 있는 평생교육프로그램 등을 확충해서 추진할 수도 있기 때문이다.

4) 정부3.0 추진전략과 과제: 3대 전략과 10대 과제

전략	과제
소통하는 투명한 정부	1 공공정보 적극 공개로 국민의 알권리 충족
	2 공공데이터의 민간활용 활성화
	3 민 · 관협치 강화
일 잘하는 유능한 정부	4 정부 내 칸막이 해소
	5 협업 · 소통 지원을 위한 정부운영시스템 개선
	6 빅데이터를 활용한 과학적 행정 구현
국민 중심의 서비스 정부	7 수요자 맞춤형 서비스 통합 제공
	8 창업 및 기업활동 원스톱 지원 강화
	9 정보 취약계층의 서비스 접근성 제고
	10 새로운 정보기술을 활용한 맞춤형 서비스 창출

자료: 관계부처 합동(2013a), (2013b).

정부3.0은 투명한 정부, 유능한 정부 및 서비스 정부의 세 가지 전략분야를 제시하고 하위의 추진과제 10개를 제시하고 있다.

첫째, 소통하는 투명한 정부(Open Government)는 정부업무와 공공정보를 투명하게 공개하고 국민과 소통하며, 국민과 함께 서비스를 만들어 나가는 '국민에게 열린 정부'를 의미한다. 이를 위한 가치는 의사결정의 품질을 높이고 부패를 방지하며 국민의 신뢰를 확보하는 것이다. 세부과제로는 ① 공공정보 적극 공개로 국민의 알권리 충족, ② 공공데이터의 민간활용 활성화, ③ 민 · 관협치 강화의 세 가지가 있다.

둘째, 일 잘하는 유능한 정부는 정부 간 협업을 활성화하고, 기업들의 자유로운 생태계를 조성하고 창조경제를 지원함으로써 지속적으로 새로운 일자리와 부가가치를 창출하는 정부를 의미한다. 재정위기, 갈등구조의 다변화 등 복잡한 환경과 동원할 수 있는 자원의 한계를 극복하고 성과를 창출해 내는 정부인 것이다. 유능한 정부가 되기 위해서는 ① 발생할 수 있는 위기 또는 문제상황을 예측하고 대비하여 방지하거나 피해를 최소화하는 능력을 길러야 하고, ② 유연성과 창의성에 기반을 둔 문제해결을 위한 대안을 도출하며, ③ 총체적인 협력과 집단지성을 이끌어 내어 정책품질을 개선하고 공공서비스를 개선해야 하고, ④ 또한 정책결정 시 도전적이면서 명확한 성과목표를 설정하고 장애요인과 예상결과를 공유하며 국민과 함께 해결하여야 한다. 이를 위한 세부과제로는 ① 정부 내 칸막이 해소, ② 협업 · 소통 지원을 위한 정부운영시스템 개선, ③ 빅데이터를 활용한 과학적 행정 구현의 세 가지가 있다.

셋째, 국민 중심의 서비스 정부는 서비스의 이용자인 국민 중심 또는 인간 중심으로 서비스 패러다임을 전환하는 것을 의미한다. 서비스 중심의 논리에서는 가치(value) 창출의 주체로 국민이 참여하게 되며 서비스전달은 가치창출 프로세스로 이해된다. 따라서 정부서비스를 필요로 하는 국민 중심으로 통합하여 국민의 한 번 방문 또는 요청에 따라 원스톱으로 제공하거나 더 나아가 요청하지 않아도 미리 수요를 파악하여 제공해 주는 노스톱(No Stop)을 구현해야 한다. 서비스의 가치는 이용자의 관점에서 발생하므로 이용자인 국민을 서비스의 기획, 운영, 평가 과정에 포함시키는 것이 올바른 서비스를 효과적으로 제공할 수 있다. 이를 위한 세부과제로는 ① 수요자 맞춤형 서비스 통합 제공, ② 창업 및 기업활동 원스톱 지원 강화, ③ 정보 취약계층의 서비스 접근성 제고, ④ 새로운 정보기술을 활용한 맞춤형 서비스 창출의 네 가지가 있다.

제2절 정부3.0 추진체계와 과제

1. 정부3.0의 추진체계

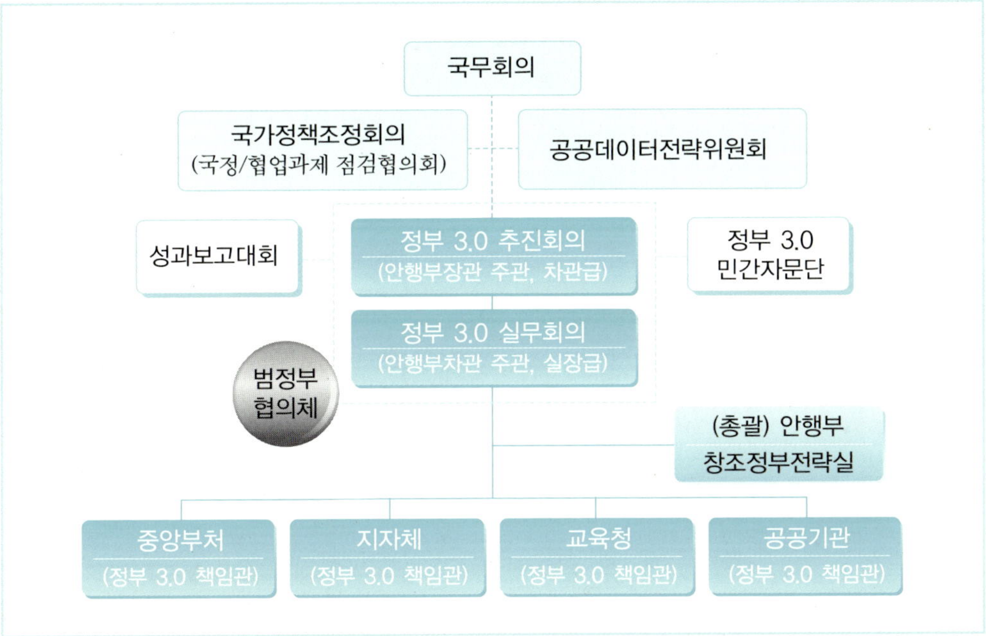

자료: 관계부처 합동(2013a), (2013b).

정부3.0의 추진체계는 국무회의를 정점으로 국가정책조정회의와 공공데이터의 개방과 관련하여 공공데이터전략위원회를 두고, 범정부협의체로서 정부3.0 추진회의(안행부장관 주관, 차관급) 및 실무회의(안행부차관 주관, 실장급)를 구성·운영하며, 민간자문단을 구성하여 민간의 의견을 반영하는 구조로 되어 있다. 각 부처에는 정부3.0 책임관을 두도록 하고 있으며, 정부3.0 추진과제에 대한 분기별 성과보고대회를 개최하여 실적을 관리할 계획이다.

2. 정부3.0의 추진절차

3대 전략	10대 과제	기반 마련	본격 추진	정착 및 확산
소통하는 투명한 정부	공공정보 적극공개로 국민의 알권리 충족	○정보공개법 개정 ○원문공개 시스템 구축계획 수립 및 예산 확보	○정보공개법 시행령 · 시행규칙 개정 ○원문공개 가이드라인 마련	○정보공개법령 전면 시행 ○원문공개 시스템 구축 및 서비스 확대(시군구)
	공공데이터 민간활용 활성화	○공공데이터법 제정 ○범정부 공공정보 개방 종합계획 수립	○공공데이터법 시행령 · 시행규칙 제정 ○오픈데이터 포럼 운영	○공공데이터 제공 · 개방 수준 평가, 환류 등 ○공공정보 활용센터 설치 · 운영, 주요 DB품질 개선
	민 · 관협치 강화	○온라인 민 · 관협업 국내외 우수사례 조사 · 연구 ○국민과 소통하는 국민행복제안센터 개설	○온라인 민 · 관협업 공간 시스템 개발 ○국민행복제안센터 운영 및 만족도 평가	○온라인 민 · 관협업 공간 운영 ○국민행복제안센터 기능강화 등 고도화
일 잘하는 유능한 정부	정부 내 칸막이 해소	○범정부 정보 연계 · 통합계획 마련	○영역별 정보 연계 · 통합 방안 및 이행계획 수립	○범정부 정보 연계 · 통합시스템 운영
	협업 · 소통 지원을 위한 정부운영 시스템 개선	○클라우드 전환업무부처 협의 및 확정 ○조직진단계획 수립	○74개 업무시스템 클라우드로 전환 ○인사교류 확대계획 수립 및 통합정원 인력재배치	○'17년까지 620개 이상 시스템 클라우드 전환 ○정부통합의사소통 및 지식경영시스템 구축
	빅데이터를 활용한 과학적 행정구현	○빅데이터 활용 공통기반시스템 구축방안 수립 ○국가미래전략센터 구축방안 연구	○빅데이터 활용 공통기반시스템 구축 ○국가미래전략센터 구축방안 수립	○공통기반 확대구축 등 시스템 고도화 ○국가미래전략센터 구축 · 운영
국민 중심의 서비스 정부	수요자 맞춤형 서비스 통합제공	○장애인, 출산, 노인대상 행정서비스맵 시범 제작 ○통합생활민원 정보서비스계획 수립	○다문화가정 등 행정서비스맵 추가과제 발굴 ○생활민원 정보서비스 시범 구축	○수혜자 맞춤형 서비스시스템 구축 · 제공 ○생활민원 정보서비스 확대 및 기능 고도화

창업 및 기업활동 원스톱 지원 강화	○중앙 · 지자체 중소기업 지원사업 조사 · 분석 ○기업활동 지원전담반 구성 · 운영	○중소기업지원 통합 관리시스템 구축 ○현장의견 수렴 등 전담반 본격 활동	○시스템 운영 및 지자체 확대 ○추진상황 모니터링 · 운영성과 분석
정보 취약계층의 서비스 접근성 제고	○주민센터 복지허브 전환 연구 ○우체국 등을 활용한 서비스 제공방안 마련	○기능전환 방안 마련 및 합동추진단 운영 ○우체국 등 활용, 민원서비스 시범 실시	○기능전환 및 복지인력 확충 ○우체국 등 활용, 민원서비스 성과분석 및 환류
새로운 정보기술을 활용한 맞춤형 서비스 창출	○신규 개발사업 확정 ○문자, 영상, 앱 등을 통한 U-119 신고서비스 개시	○정보기술 활용 추진과제 현장점검 등 성과분석 ○「모바일 재난정보 포털 앱」 등 구축	○정보기술 활용 지원사업 신규과제 발굴 · 추진 ○농업재해정보 실시간 제공 시스템 등 구축

자료: 관계부처 합동(2013a), (2013b).

정부는 정부3.0 추진과 관련하여 세 가지 전략의 10대 과제를 중심으로 기반 마련단계(~2013년 상반기), 본격 추진단계(~2013년 하반기), 정착 및 확산단계(2014~2017년)의 3단계를 구분하고 추진절차에 따른 계획내용을 제시하였다. 더불어 이러한 추진절차를 달성하기 위한 변화관리와 성과관리를 〈표 Ⅲ-1〉과 같이 제시하고 있다. 이 계획에 따르면 변화관리는 주로 교육과 홍보를 중심으로 추진되며 성과관리는 성과보고대회와 성과관리지표를 통해 추진하는 것으로 되어 있다.

〈표 Ⅲ-1〉 정부3.0의 변화 및 성과관리 추진절차

구 분	기반 마련 (~2013년 상반기)	본격 추진 (~2013년 하반기)	정착 및 확산 (2014~2017년)
변화관리	○정부3.0 교육계획 수립 및 프로그램 개발 ○홍보계획 수립	○정부3.0 순회교육 및 각급 교육기관 교육프로그램 개설 ○홍보콘텐츠 개발 및 일간지 · 온라인 등 다양한 홍보매체 활용	○교육프로그램 보완 및 공공기관까지 확대 ○정부3.0 대표 브랜드 정책 발굴, 중점 홍보

성과관리	○ 정부3.0 성과관리지표 개발 연구용역	○ 정부3.0 성과보고대회 개최, 성과관리지표 개발	○ 정부3.0 성과보고대회 개최(분기별), 정부3.0 추진성과 평가 · 분석

자료: 관계부처 합동(2013a), (2013b).

다른 한편, 정부는 공공정보의 개방과 관련하여 로드맵[4]을 제시하고 있는바 2012년을 기준으로 현황을 조사하고 2017년까지 추가 확대계획을 각 영역별로 설정하고 있다.

〈표 III-2〉 공공정보 개방 로드맵(예시)

구분	분야별	개방현황(2012년)	추가 확대계획(2017년)
계		1,005종	6,400종
정부운영	일반공공행정	시사경제용어정보, 국회방송홈페이지정보, 지자체의회회의록정보, 영상회의정보, 국회방문자센터정보, 조달입찰정보, 나라기록정보, 국가관리전산정보, 규제등록정보, 국가기록영상정보, 선거통계정보, 지방제세정보, 공기업경영공시정보, 지자체예산정보(131종)	금융감독정보, 보험사고정보, 승강기안전관리정보, 개발제한구역관리정보, 공공기관경영정보, 예결산정보(433종)
국가 안전관리	통일 · 외교	주한공관정보, 북한학술정보, 수출입통관정보, 수입적하정보, 재외동포현황정보, 해외안전여행정보(7종)	북한생활정보, 해외협력업체정보(46종)
	국방	민방위국민행동요령정보, 국방기술품질정보, 국방정책정보, 방위물품통계정보, 해외국방산업동향정보, 군수품동향정보, 전사자검색정보, 현충원안장자정보(21종)	국가유공자복지정보, 예비군기록정보, 방산업체정보, 군수품규격정보, 입영통지정보, 병적증명정보(152종)

4) 한국정보화진흥원(NIA) 자체조사에 근거한 잠정자료를 활용하여 작성한 로드맵을 예로 들어 제시하고 있는바, 최종 연차별 개방계획은 공공DB 전수조사 및 민간 수요조사 결과가 나온 이후 수립 예정이다.

	공공질서 및 안전	범죄피해자보호지원정보, 소방정보, 재외동포현황정보, 국가인권정책정보, 입법지원정보, 산사태정보, 산불정보(42종)	112신고접수정보, 사건수사정보(77종)
경제 산업	도시 및 지역개발	공시지가정보, 도시계획고시정보, 도시재생정보, 전통시장정보, 수문정보, 해양지리정보, 토지이용규제정보(83종)	도시계획정보, 토지매수정보(527종)
	과학기술	국가생물종정보, 기상예보정보, 국가지진정보, 산림과학정보, 다국어음성정보(55종)	천문우주지식정보, 해양위성정보(54종)
	농림해양수산	냉동선어류정보, 농수산가격유통정보, 농식품안전정보, 농업기술정보, 동물유전체정보, 작물정보(31종)	도축검사정보, 농식품품질검역정보(185종)
	산업·중소기업	기업지원정보, 녹색인증정보, 환경영향평가정보, 공공구매종합정보, 중소기업관련통계정보, 창업보육센터정보, 전기안전정보, 신재생에너지인증제품정보, 해외산림투자실무가이드정보, 투자유치정보(62종)	상권정보, 창업지원사업정보, 가구별전력량정보, 수력발전정보(370종)
	수송교통	도로교통시스템정보, 서울도시철도정보, 대중교통정보, 항공운항정보, 교통량통계정보(72종)	선박운항정보, 전국교통소통정보(430종)
	통신	전자정보통신정보, IT통계정보, 우편번호정보, 인터넷주소자원정보(11종)	방송콘텐츠제작정보, 통신망정보(66종)
사회복지	환경보호	건물별온실가스정보, 생태자연보호정보, 대기오염정보, 적조경보시스템정보, 환경영향평가정보(24종)	폐기물배출정보, 친환경상품정보(152종)
	보건	병원평가정보, 국가암정보센터정보, 건강검진기관안내정보, 건강보험정보, 약물유전정보, 의료기기정보(16종)	통합보육정보, 요양기관정보(84종)
	사회복지	일자리제공정보, 노인일자리사업정보, 인재정보, 보건산업통계정보, 국가기술자격정보(47종)	장애인고용정보, 창업정보(191종)

교육 문화	문화 체육 관광	문화유산정보, 국제종합경기대회정보, 영화정보, 국내관광정보, 한국사정보, 생활체육동영상정보, 공연정보(172종)	체육시설예약정보, 저작권보유정보(304종)
	교육	학술연구정보, 전자도서관정보, 디지털교과서정보, 교원연수정보, 지자체학업성취정보, 학위논문정보(81종)	지방교육재정정보, 대학입시정보(604종)

자료: 관계부처 합동(2013a), (2013b).

그리고 정보개방에 따른 정보보안 및 개인정보보호를 위해서 정보시스템 보안 강화, 개인정보보호 강화 및 안전한 활용기반 구축 등을 추진하고 있다.

〈표 Ⅲ-3〉 정보개방에 따른 정보보안 및 개인정보보호 추진내용

■ 정보시스템 보안 강화
○ 전자정부 정보시스템 SW 개발보안 강화
–해킹 등 사이버공격의 원인인 보안약점을 SW 개발단계부터 사전 제거하는 「시큐어 코딩」 적용 확대
–(신규시스템) 40억 이상(2013) → 20억 이상(2014) → 모든 정보화사업(2015)
–(기존시스템) 시범적용 · 적용방안 마련(2013) → 단계적 확대(2014~2017)
○ 전자정부서비스 중요도에 따른 「보안등급제」 도입 · 중점관리
–업무영향 범위, 데이터 중요도 등 고려, 보안등급을 5등급으로 분류하고 상위 보안등급(1~2급)에 대해서는 보안수준 진단, 개선조치 강화
○ 「정부전산백업센터」 구축 추진
–전쟁, 테러 등 물리적 공격이나 자연재해로부터 전산시스템 보호, 업무연속성 확보를 위해 제3의 장소에 구축

■ 개인정보보호 강화 및 안전한 활용기반 구축
○ 개인정보보호 실태 점검 · 평가 및 침해사고에 대한 선제적 대응
–민감 개인정보 사전 필터링 및 불법 오 · 남용 실태 점검
–개인정보 모니터링시스템 및 「범정부 합동점검단」 운영
–공공기관 관리수준 진단결과는 정부 업무평가 등에 반영
○ 개인정보 처리단계별 「보호가이드라인」 마련 및 개인비식별화(익명화) 처리기법 보급
– 공공기관 대상 개인정보보호 원칙 및 기준에 대한 교육 강화
– 개인정보보호 「지역거점 지원센터」 구축 · 운영(100여 개, ~2017)

자료: 관계부처 합동(2013a), (2013b).

3. 정부3.0 추진과제 및 주요 사례(예시)

전략 1	소통하는 투명한 정부

현재(As-Is)		미래(To-Be)
• 국민의 공공정보 접근성 제약 • 공공데이터의 민간활용 미흡 • 국민의 국정참여 기회 미비	➡	• 정보공개 확대로 투명성 · 신뢰성 제고 • 공공데이터를 활용한 새로운 일자리 창출 • 국민과 함께하는 민 · 관협치 활성화

1 공공정보 적극 공개로 「국민의 알권리」 충족
- □ '공급자 위주' 에서 '국민 중심' 정보공개로 패러다임 전환
- □ 정보공개 대상기관 및 범위 대폭 확대
- □ 원문정보 사전공개를 위한 시스템 구축

2 공공데이터의 민간활용 활성화
- □ 민간의 수요가 많은 공공데이터의 대폭 개방
- □ 공공DB 보유현황 전수조사, '개방 5개년 로드맵' 수립
- □ 공공데이터 활용을 통한 신성장동력 창출
- □ 공공데이터 개방 · 활용 인프라 구축

3 민 · 관협치 강화
- □ 주요 국정과제 등 정책 전 과정에 집단지성 구현
- □ 국민참여 확대
- □ 국민참여 · 소통 채널 다양화
- □ 온라인 민-관 협업공간 구축

전략 2	일 잘하는 유능한 정부

현재(As-Is)		미래(To-Be)
• 부처 중심의 칸막이 현상 • 정부지식의 개별적 · 단편적 축적 · 활용 • 다양한 정책정보의 통합활용 미흡	➡	• 정부 내 소통 · 협업 활성화 • 정보시스템을 통한 지식기반 행정 • 빅데이터를 활용한 과학적 행정 구현

4 정부 내 칸막이 해소
- □ 국정 · 협업과제는 정보공유 및 시스템 연계를 통해 적극 지원
- □ 행정정보 공동이용 확대를 통한 부처 간 협업 지원

5 협업 · 소통 지원을 위한 정부운영시스템 개선
- □ 부처 간 협업을 지원하는 기반시스템 마련
- □ 원격근무 비효율 극복을 위한 디지털 협업시스템 구축
- □ 지식 · 정보 공유기반 마련을 위한 클라우드 컴퓨팅환경 구축
- □ 부처 간 칸막이 제거를 위한 정부운영제도 혁신

6 빅데이터를 활용한 과학적 행정 구현
- □ 국가미래전략 수립 지원
- □ 데이터기반의 과학적 정책수립 지원
- □ 각 부처가 공동으로 활용할 수 있는 빅데이터 기반시스템 구축

전략 3 국민 중심의 서비스 정부

현재(As-Is)		미래(To-Be)
• 행정서비스별 개별 신청 · 제공 • 취약계층에 대한 행정서비스 미흡 • 정보기술과 행정서비스 간 괴리	→	• 생애주기별 맞춤형 서비스 제공 • 접근성 제고를 통해 서비스 사각지대 해소 • 새로운 정보기술을 활용한 서비스 확대

7 수요자 맞춤형 서비스 통합 제공
- □ 생애주기별 맞춤형 서비스 제공
- □ 개인 유형별 맞춤형 서비스 제공
- □ 「민원 24」, 정부대표포털 등을 통한 통합생활민원정보 제공
- □ 시스템 연계 · 통합을 통한 국민불편사항 해소 추진

8 창업 및 기업활동 원스톱 지원 강화
- □ 맞춤형 창업 · 기업활동 지원 강화
- □ 원스톱 기업민원 서비스 제공

9 정보 취약계층의 서비스 접근성 제고
- □ 주민센터 등 최접점 민원창구 확대
- □ 장애인 · 고령자 등에 대한 웹 접근성 제고

10 새로운 정보기술을 활용한 맞춤형 서비스 창출
- □ 첨단 IT기술을 활용한 행정서비스 확대
- □ 모바일을 활용한 생활밀착형 서비스 제공

다음에서는 안전행정부를 비롯한 관계부처합동 정부3.0 추진계획(2013a; 2013b)에 근거하여 정부3.0의 3대 전략, 10대 중점과제 및 세부과제별 내용과 주요 사례(예시)를 소개한다.

1) 전략 1: 소통하는 투명한 정부

소통하는 투명한 정부와 관련해서는 현재 국민의 공공정보 접근성 제약, 공공데이터의 민간활용 미흡, 국민의 국정참여 기회 미비 등의 문제를 해결하고, 향후 정보공개 확대로 투명성 · 신뢰성 제고, 공공데이터를 활용한 새로운 일자리 창출, 국민과 함께하는 민 · 관협치 활성화 등을 달성하는 데 초점을 두고 있다. 이를 위한 세부적인 과제는 다음과 같다.

[1] 공공정보 적극 공개로 「국민의 알권리」 충족

□ '공급자 위주'에서 '국민 중심' 정보공개로 패러다임 전환

본 세부과제의 원칙은 ① 사실을 있는 그대로, ② 전 과정에 대하여, ③ 국민 중심의 공개이며, 정책실명제 활성화를 통한 정책의 결정 · 집행과정의 참여자 및 이력관리를 강화하는 데 중점을 둔다. 이를 위한 대상을 예로 들면 다음과 같다.

예시 ① 국민생활에 매우 큰 영향을 미치는 정보

- (식품 · 위생) 위해식품 및 유독물 정보 등 각종 검사결과, 위생의무 위반업소 명단
- (치안) 학교폭력 현황, 청소년범죄 현황, 방범방재시설 설치내역 등
- (가정 · 복지) 유치원 · 어린이집 · 노인 · 장애인시설정보, 각종 생활보장급여 수급기준
- (지역물가) 공공요금 원가 산정기준, 지자체별 주요 서민생활 물가

예시 ② 대규모의 예산이 투입되는 사업에 관한 정보

- (공공사업) 하천, 도로 등 토목공사 관련 사항, 지역축제 원가정보
- (계약정보) 공사발주 세부내용 및 계약 전 과정

예시 ③ 예산집행내용, 사업평가결과 등 행정감시를 위해 필요한 정보

- (지방재정) 공공기관 및 지자체 부채 현황, 지방공기업 경영 전반
- (국정감시) 기관장 업무추진비 사용내역, 주민감사청구 감사결과

추진방법은 시민단체 공개 요구사항, 국민신문고 내역 분석, 분야별 여론조사, 언론보도 분석, 전문가 간담회 등 다각적 방법으로 국민의 시각에서 공개수요가 큰 정보 파악, 선제적 공개 등을 활용한다.

〈표 III-4〉 국민이 필요로 하는 사전정보공개 확대 사례

분 야	공개정보명	주요 공개내용
가정 · 복지	• 어린이집 운영내역(복지부, 지자체)	• (현행) 어린이집 및 이용자 통계 →(개선) 아동 및 보육교사 수, 특별활동비, 급식현황, 위반 처분내용 등
	• 의료기관 평가인증 정보(복지부)	• (현행) 의료기관명, 의료기관 종류, 소재지, 유효기간 등 →(개선) 의료기관 대표자, 병상 수, 의료기관 종류 세분화 등
	• 건강보험료 체납정보(복지부)	• 고액상습체납자 인적사항(성명, 상호, 나이, 주소 등), 체납액, 체납요지 등
	• 교원임용시험 사전예고제 확대(교육부)	• (현행) 시 · 도별, 교과목별 선발예정인원 공개(중등교원 임용시험에 한정) →(개선) 유치원 · 초등 · 특수 · 영양 · 사서 · 전문상담 등 모든 교원 임용시험으로 확대
식품 · 위생 · 환경	• 의약품 정보(식약처)	• 의약품 등 안전성 · 유효성 심사결과
	• 유해화학물질(환경부)	• 거주지역 주변 사업장 유해화학물질 관리정보
	• 원자력 이용시설 주변환경 정보(원안위)	• 원자력 이용시설 주변 방사선 환경조사 및 평가보고서

<table>
<tr><td rowspan="4">국가 · 지방 재정</td><td>• 국가채무현황(기재부)</td><td>• (현행) 중앙 · 지자체 · 일부 비영리공공기관 채무현황
→(개선) 모든 공기업의 채무현황</td></tr>
<tr><td rowspan="2">• 지방재정(안행부)</td><td>• (현행) 지방일반/교육재정, 공기업 통계 분리 · 공개
→(개선) 지역단위 통합재정 통계 산출 · 공개</td></tr>
<tr><td>• (현행) 재정운용결과 및 중요사항, 통합공시 등
→(개선) 대규모 투자사업, 지자체 · 지방공기업 채무 · 부채현황, 사업별 원가정보 등</td></tr>
<tr><td>• 재정운용정보(충남)</td><td>• 세입금 징수, 자금수지, 지출현황, 결산서 및 재무보고서 등 모든 재정현황 실시간 공개</td></tr>
<tr><td rowspan="2">행정 감시</td><td>• 지방계약정보(안행부, 지자체)</td><td>• (현행) 발주계획과 수의계약 내역
→(개선) 발주계획부터 준공검사까지 전 계약과정</td></tr>
<tr><td>• 위원회 회의정보(서울)</td><td>• 시장 참석 주요 회의(4종) 및 위원회 회의(118종) 전면공개(회의개요, 회의록 또는 회의결과)</td></tr>
</table>

□ 정보공개 대상기관 및 범위 대폭 확대

본 과제는 가능한 한 모든 공공정보의 공개를 원칙으로 하고, 비공개 정보를 최소화하기 위한 노력으로 이해될 수 있다. 즉, 비공개 대상은 정보공개법 제9조에 근거하여 법령상 비밀, 국가안보, 국민생명 · 신체보호, 사생활보호, 공정한 의사결정, 재판, 경영 · 영업상 비밀, 투기우려 정보로만 제한한다. 또한 공개문서는 생산하는 즉시 원문까지 사전공개하고, 공개 대상기관을 부처별 위원회, 출자 · 출연 · 보조기관까지 확대한다.

〈표 Ⅲ-5〉 현행과 개선 비교

구 분	현 행	개 선
공개 시점	청구 시 공개	청구가 없어도 사전에 공개
공개 대상	목록만 공개, 청구 시 원문공개	원문까지 공개
공개 건수	('12년) 31만 건	(매년) 1억 건(추정)
대상기관	국가기관, 지자체, 정부투자기관	위원회, 출자 · 출연 · 보조기관 추가 (약 1,700개 확대)

□ 원문정보 사전공개를 위한 시스템 구축

생산된 문서가 정보공개시스템(open.go.kr)에 바로 이관되어 공개될 수 있도록「원문정보공개시스템」을 구축하는 사업이다. 전자결재시스템에서 생산되는 원문정보를 정보공개시스템에서 실시간으로 조회할 수 있도록 시스템을 연계하는 것이다.

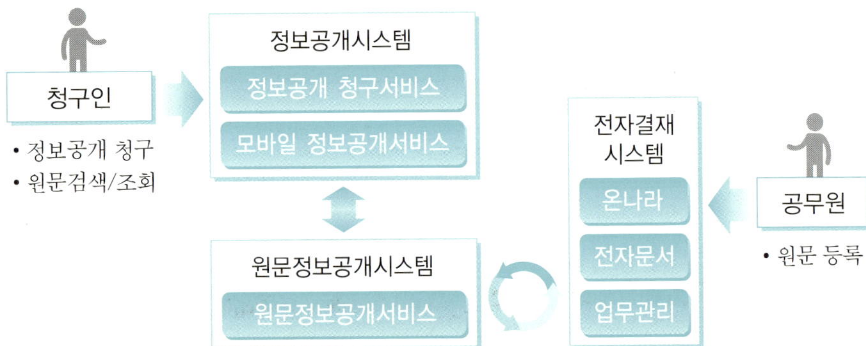

〈그림 III-1〉 원문정보 사전공개를 위한 시스템 구축

2 공공데이터의 민간활용 활성화

□ 민간의 수요가 많은 공공데이터의 대폭 개방

민간의 개방 수요가 많고, 파급효과가 큰 데이터부터 단계적으로 추진한다. 예를 들어, 기상, 교통, 지리, 특허, 복지, 보건의료, 재해·안전, 교육, 공공정책, 재정 등을 중심으로 우선적으로 개방하며, 세부적인 확대계획의 예는 〈표 III-6〉과 같다.

〈표 Ⅲ-6〉 공공데이터 개방 확대계획(예시)

구 분	현 행	확대(예시)
교통정보	• 버스 실시간 운행정보, 노선 및 정류소정보 등	• 버스 · 지하철 · 항공 · 항만운행 실시간 정보, 지역별 교통정보, 도로정보 등 ⇒ 모든 교통시설 및 운행정보 연계로 지능형 교통체계 구축, 교통정보 · 주변시설정보 통합제공 등
지리정보	• 국가공간정보, 해수면 높이 관측정보, 국가지반정보, 국가하천 전자지도 등	• 정제된 GIS정보, 상업적 활용도가 높은 지리정보 등 ⇒ 다양한 정보(교통 · 재난 · 기상 · 관광)와의 융 · 복합으로 앱 및 신규 서비스 창출
교육정보	• 학교 일반현황, 교육과정정보 등	• 교육기관 평가정보, 입시 및 시험정보, 다양한 교재정보 등 ⇒ 교육관련 고부가가치 콘텐츠 개발로 신규시장 창출
복지정보	• 보건산업통계, 보육시설정보, 건강보험정보, 의료기관정보 등	• 복지정보 간 연계정보, 각종 복지기금 수급 · 상세정보 등 ⇒ 복지기금 관련 정보 개방으로 투명한 예산 배정 · 집행, 다양한 맞춤형 복지서비스 제공
재정정보	• 국가재정정보, 공공기관 경영정보 등	• 국가예산 배정 및 집행정보, 부처별 · 사업별 예산 및 집행정보 등 ⇒ 재정운영정보 전면 개방으로 투명성 · 신뢰도 제고

□ 공공DB 보유현황 전수조사, '개방 5개년 로드맵' 수립

정부는 2013년 5월 1차 전수조사를 토대로 부처협의 등을 거쳐 '개방 5개년 로드맵'을 수립하였다. 예를 들어, 교통 · 지리 · 기상 등 공공정보 개방은 2013년 6월 2,260종에서 2017년 6,400종으로 확대하며, 민간 활용도가 높은 실시간 정보는 Open API로 별도 제공해서 2013년 6월 35종에서 2017년 356종으로 확대한다는 것이다. 구체적인 추진단계와 활용사례, 그리고 파급효과에 대한 예시는 [그림 Ⅲ-2], 〈표 Ⅲ-7, 8〉과 같다.

전수조사 및 각계 의견수렴
- 각 부처 DB보유 현황 전수조사 및 개방계획 조사
- 정보통신업계, 앱 개발자 등 수요조사

→

개방 대상 선정 및 부처협의
- 범정부적 개방 대상 선정 및 관련 부처 협의

→

전략위 심의 · 확정
- 공공데이터 전략 위원회 심의를 거쳐 개방 대상 및 계획 확정

→

예산, 정보화 계획 반영
- 국무회의 보고
- 중기재정계획, 국가정보화기본 계획 등에 반영

〈그림 Ⅲ-2〉 공공DB 보유현황 전수조사, '개방 5개년 로드맵' 수립 추진단계

〈표 Ⅲ-7〉 공공데이터 활용사례

구 분	관련 공공데이터	활 용
기 상	레이더기상자료, 예보, 일기도 등	세부지역별(주변동네 등) 맞춤형 기상예보, 재해예보, 전력소비 예측
교 통	GPS · GIS정보, 3D정보, 실시간 도로소통 정보 등	GPS, CCTV기반 물류, 유통산업, 실내쇼핑 서비스
지 리	항공사진정보, 건축인허가정보, 건축물대장 등	지역상권 분석, 지역상거래 안내, GPS, 센서를 활용한 차량안전 서비스
특 허	특허 · 실용신안정보, 상표정보, 디자인정보 등	저작권소송 지원, 온라인 특허거래, 특허금융 서비스
복 지	어린이집 정보, 취약계층정보, 복지혜택정보 등	취약계층 스마트 돌봄 서비스, 실시간 개인복지혜택 컨설팅, 맞춤형 어린이집 찾기
보 건 의 료	병원평가정보, 의약품유통정보, 식품인허가정보, 농축산물유통관리정보 등	병원별 건강위해정보 제공(항생제 사용, 제왕절개 건수 등), 가짜약품 식별, 식품유통 원산지 파악
재 해 안 전	원전 안전운영정보, 전국환경방사선정보, 홍수예보, 재난징후정보 등	원전 사고발생위험정보, 지역별 환경방사선 경보, 지역별 스나미 · 홍수예보
교 육	대학별 공시자료, 진로 · 진학정보, 학원 · 교습소정보, 학원비정보 등	수험생 맞춤형 대학진학상담, 사교육비 비교, 부당과다학원비 제공
공 공 정 책	국가정책정보, 공모제안, 정책토론, 의회활동정보, 법규, 고시 등	신규정책 안내, 바뀌는 법제도 안내, 공모접수, 의회활동 점검평가
재 정	국가재정정보, 공공사업 개찰정보 · 낙찰자정보, 계약정보, 국유재산조사관리정보 등	공공사업별 낙찰가 예측, 공공사업 참여, 국유재산 공매참여, 국가재정지출 예측

〈표 Ⅲ-8〉 공공데이터 개방에 따른 사회 · 경제적 파급효과(예시)

분 야	현 재	미 래	
	1차 활용(개별활용)	2차 활용(정보 간 연계)	3차 활용(타 산업과 융합)
기 상	• (관련 산업) 기상 예보 산업	• (관련 산업) 기상정보와 재해 · 의료 · 에너지 등의 정보를 연계, 특화된 기상서비스 제공	• (관련 산업) 기상정보를 농업 · 건설 · 레저 · 식품 · 유통 · 의류산업 등 타 산업과 융합 · 확산
	• (서비스) 기상정보를 스마트폰을 통해 실시간 안내	• (서비스) 재해보험컨설팅, 맞춤형 날씨정보, 재해예보, 에너지 소비량 예측	• (서비스) 기상정보–타 산업과 연계를 통한 산업 맞춤형 제공 * 예 1) 특화작물 선정, 파종시기, 농약 살포 시기 등 안내 * 예 2) 도로 유지보수, 노면상태 점검, 항로 설정, 이착륙 결정 등 비행계획 수립에 활용 * 예 3) 음료 · 주류 · 빙과 · 냉난방기 등 계절상품 생산업체가 원자재 구매, 생산 및 출고량 조절, 제품진열, 광고 등에 기상정보 활용
	• (일자리) 기상사업자, 기상통보관, 기상앱 개발자, 기상시스템 개발자	• (일자리) 기상컨설턴트, 기상감정기사, 기상예보사 등	• (일자리) 기상정보를 농업 · 교통 · 건설 · 레저 등 타 산업과 융합해 서비스하는 신규 일자리 창출 * 예) 기상정보를 활용한 농작물 전문 인터넷 보험회사 등
	▶ 미국 기상산업(2011년): 종사자 3만 5천 명, 매출 9조(한국: 567명, 2,232억) ▶ 기상기후산업이 타 산업과 융합해 발생하는 신규 창출(2012년): 396억		
교 통	• (관련 산업) 교통정보 제공업, 교통방송업	• (관련 산업) 교통정보와 위치 · 시설 · 재난 · 여행 정보 등을 연계, 특화된 교통서비스 제공 * 예) 고속도로 휴게시설 산업, 여행 렌트업, 스마트 자동차산업	• (관련 산업) 교통정보를 관광 · 물류 · 무역 · 의료 · 부동산산업 등 타 산업과 융합 · 확산

	• (서비스) 버스도착시간 정보 등을 스마트폰 · 정류장 안내시스템에서 실시간 안내, 차량 정체구간 실시간 확인	• (서비스) 육상 · 항공 · 해상 등의 교통정보와 숙박요금 및 관광지 정보 등을 연계하여 일괄 예약하는 여행상품 개발 서비스	• (서비스) 교통정보-타 산업과 연계를 통한 산업 맞춤형 교통정보 서비스 제공 * 예 1) 실시간 교통정보 및 CCTV정보 등을 물류 · 무역업 등에 활용해 출발 · 도착시간 조정 및 물류란 해결 * 예 2) 교통정보를 비상응급정보와 융합해 구급차 · 소방차 운행 효율화 * 예 3) 교통정보를 부동산정보와 융합해 최적의 부동산 입지 선정
	• (일자리) 교통예보관, 교통안내리포터, 교통 모바일앱 개발자, 교통시스템 개발자	• (일자리) 여행사 맞춤형 상품개발자, 교통서비스 분석관 등	• (일자리) 교통정보와 관광 · 물류 · 부동산 등 타 산업과 융합해 서비스하는 일자리 창출 * 예) 교통정보를 활용한 부동산 분석가, 대체교통수단업자 등
		▶ 스마트폰으로 대중교통정보 이용 시 비용절감: 연 6,175억 ▶ 교통정보 활용으로 교통혼잡비용 감소: 연 약 3조 6천억(전국 교통혼잡비용: 연 약 30조)	

□ 공공데이터 활용을 통한 신성장동력 창출

공공정보가 민간의 창의성 및 혁신적 아이디어와 결합하여 새로운 비즈니스를 창출하도록 하는 것이다. 관련 부처 간(미래부-중기청-안행부 등) 협업체계 구축 및 종합지원, 범정부 협의체 구성, 기관 특성에 맞는 지원방안 마련, 민간 전문가, 기업 등의 의견수렴을 거쳐 공공DB의 적극 개방을 추진하되 특별히 데이터 개방 · 활용을 지원하고, 비즈니스 모델 발굴 및 창업지원 등을 통해 DB 개방이 비즈니스 창출과 연계되는 프로세스를 마련하는 데 초점을 둔다. 이를 통해 현장의 요구 및 애로사항 등을 발굴 · 수렴하여 장애요인을 해소하고, 관련 부처-기업-협회 등 이해관계자 간 '협력 커뮤니티'를 구축함으로써 정보공유와 시스템 연계 및 활용지원이 가능하도록 한다.

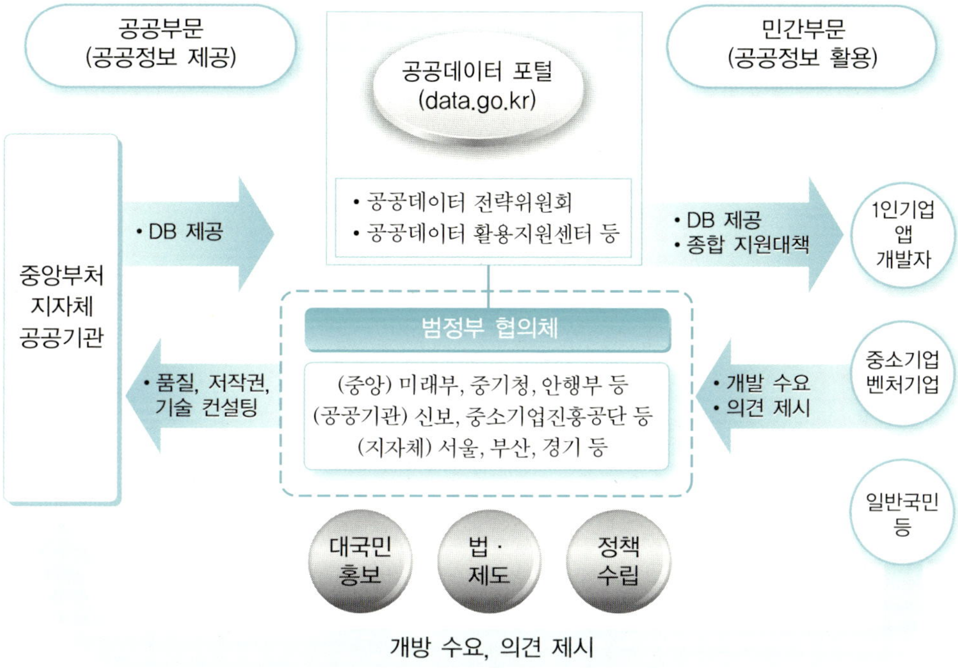

〈그림 Ⅲ-3〉 공공데이터 활용을 통한 신성장동력 창출

□ 공공데이터 개방 · 활용 인프라 구축

데이터의 신뢰성 · 편의성 제고를 위해 DB품질개선사업 확대 및 개방형 · 표준형 전환을 실시한다. 공공정보 제공창구를 '공공데이터포털(data.go.kr)'로 일원화하고, 공공데이터 개방 · 활용에 관한 총괄 심의 · 조정 역할을 수행하는 '공공데이터전략위원회'(국무총리, 민간 공동위원장)를 구성하며, 공공데이터 개방 · 제공 및 활용을 제약하는 법률 및 장애요소를 정비하는 데 초점을 둔다. 공공데이터 개방 · 활용을 제약하는 법률의 전수조사 및 단계별 개선을 추진한다.

〈표 III-9〉 공공데이터 개방 관련 기존 개별법 및 제약법률

구 분	관련 법률명
데이터별 소관법	• 기상산업진흥법(기상 데이터) • 통계법(통계 데이터) • 건설기술관리법(건설기술 데이터) • 발명진흥법(특허정보) • 공간정보산업진흥법(공간정보) 등
공공데이터 제공 제약법률 (예시)	• 저작권법(권리 처리) • 국유재산법(국가재산 처분제한, 비용산정 등) • 공유재산 및 물품관리법(지자체재산 처분제한, 국유재산법과 동일) • 개인정보보호법(개인정보 수집 및 처리제한) • 주민등록법(개인정보 처리제한) • 국가를 당사자로 하는 계약에 관한 법률(계약에 의한 공공데이터 처리) 등

3 민 · 관협치 강화

□ 주요 국정과제 등 정책 전 과정에 집단지성 구현

정책의 수립 · 집행 · 평가 전 과정에 국민과의 정보공유 · 소통 · 참여를 확대하고, 정부에 대한 신뢰를 바탕으로 국정운영의 효율성을 증진하며 확장된 민주주의를 구현하는 데 초점을 두는 것으로 〈그림 III-4〉와 같이 체계를 도식화할 수 있다.

□ 국민참여 확대

현장 · 국민 중심의 행정 구현 및 전자적 직접 참여 확대를 위해서 행정제도 개선과정에 민간전문가, 정책고객 등 참여를 활성화하고, 현장의 목소리 반영을 위한 행정예고 범위 등을 확대한다.

□ 국민참여 · 소통 채널 다양화

전화 · 문자메시지 · SNS(트위터, 페이스북 등) 등 다양한 수단을 통해 아이디어 및 국민 불편사항 · 의견 등을 수렴한다. 예를 들어, 110 정부민원 콜센터, 생활불편 스마트폰 신고 등이 여기에 해당되며, 국민신문고(epeople.go.kr)에 '국민

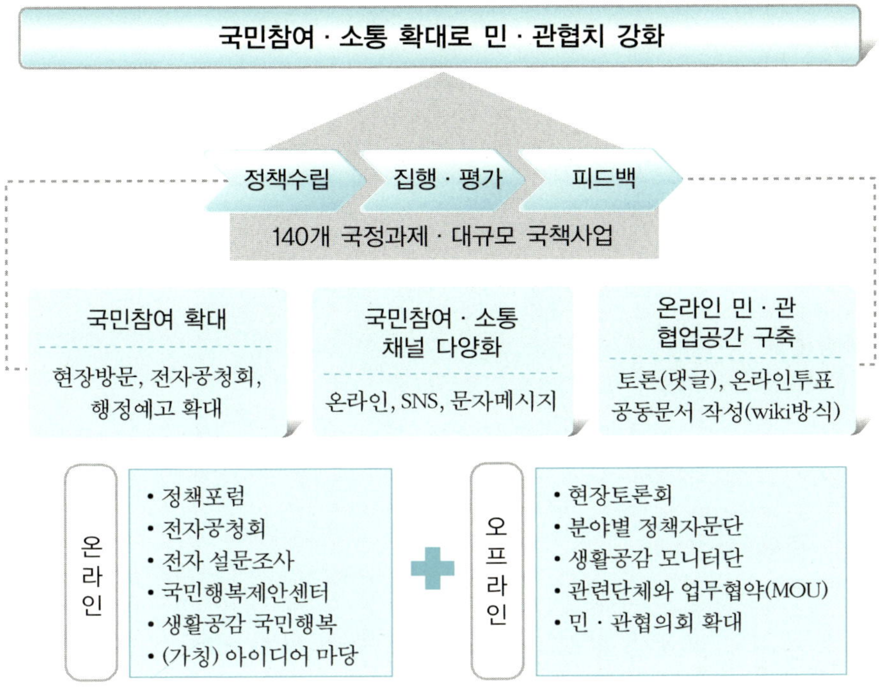

〈그림 Ⅲ-4〉 주요 국정과제 등 정책 전 과정에 집단지성 구현체계

행복제안센터'를 설치 · 운영하여 온 · 오프라인(전화, 방문, 우편, 팩스)으로 제안을 접수한다.

□ 온라인 민-관 협업공간 구축

대규모 국책사업 및 주요 국정과제는 국민신문고 온라인 '정책토론'에 상정하여 국민의 소리를 적극 반영하도록 추진한다. 특히 가칭 '내 나라 내가 바꾼다'를 개설하여 주요 정책 또는 제도와 관련하여 일반국민, 전문가, 관계공무원 등이 자유롭게 참여하여 토론하고 아이디어를 제시할 수 있는 온라인 참여 플랫폼이 구축되고 활성화된다면, 국민과의 협업 및 집단지성의 활용 차원에서 매우 중요한 의미를 가질 수 있다.

(가칭) '내 나라 내가 바꾼다' 운영방식

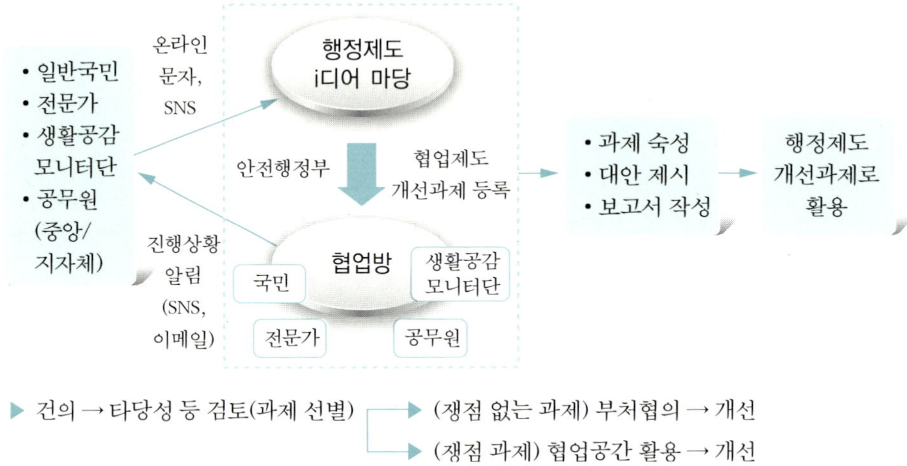

〈그림 Ⅲ-5〉 온라인 투표, 토론(댓글), 공동보고서 작성(wiki 방식) 등을 통해 집단지성 구현

2) 전략 2: 일 잘하는 유능한 정부

일 잘하는 유능한 정부와 관련해서 현재 부처 중심의 칸막이 현상, 정부지식의 개별적 · 단편적 축적 · 활용, 다양한 정책정보의 통합활용 미흡 등의 문제를 해결하고, 향후 정부 내 소통 · 협업 활성화, 정보시스템을 통한 지식기반 행정, 빅데이터를 활용한 과학적 행정 구현 등을 달성하는 데 초점을 두고 있다. 이를 위한 세부적인 과제는 [4]에서 [6]까지이다.

[4] 정부 내 칸막이 해소

□ 국정 · 협업과제는 정보공유 및 시스템 연계를 통해 적극 지원

국정과제(140개) 및 협업과제(170개) 중 부처 간 시스템 연계 · 통합이 필요한 과제에 대해 전자정부지원사업을 통해 우선 지원한다. 대상은 ODA, 유아교육 · 보육 통합, 물관리, 다문화가족 등이며, 지원방안은 ① 관련 정보 공유 및 시스템 연계 · 통합 추진, ② 협업수행체계에 대한 조직진단 실시, 기능 조정에 반영, ③ 관련 부처 간 핵심직위(국 · 과장급) 인사교류 등을 활용한다.

□ 행정정보 공동이용 확대를 통한 부처 간 협업 지원

공동이용 정보 및 이용기관 대폭 확대와 더불어 국민생활 편의제고를 위한 공공기관 정보연계서비스를 확대한다. 전자에 해당되는 대상 정보를 249종에서 349종으로, 이용기관은 343개에서 400개로 확대할 예정이며, 후자에 해당되는 경우 지하철, 철도, 공항 등 6개 교통 유실물정보센터와 연계 · 통합조회를 계획하고 있다.

〈표 Ⅲ-10〉 부처 간 정보공유 및 시스템 연계 · 통합 사례

과제명	주요 내용	관련 부처
산림재해 통합관리체계 구축	• 재난통합관리시스템(방재청)–강우정보(기상청)–생태 · 환경정보(환경부)–재해현장 조사정보(지자체) 등 4개 기관 산림재해 관련정보 연계 ⇒ 공간정보(GIS), 모바일 등 첨단기술을 활용하여 산불, 산사태 등 각종 산림재해 · 재난정보를 통합관리하고 재해 예측 · 대응체계 마련	기상청 방재청 환경부 지자체
국가긴급이송 정보망 구축	• 긴급이송정보(방재청)–병원평가정보시스템(복지부) 연계를 통해 환자정보 및 전국 437개 응급의료기관 정보공유 ⇒ 긴급환자 이송 시 병원정보를 파악, 환자별 증세에 맞는 최단거리 병원에 이송하여 인명 구조율 향상	방재청, 복지부 등
정보망 구축	• 위해정보시스템(식약처)–농식품 안전정보시스템(농식품부)–새올시스템(지자체) 등 10개 기관, 15개 시스템 연계를 통해 식품안전정보 공유 ⇒ 부처별로 산재된 수입식품정보, 위해발생정보 등을 연계하여 식품위해정보 분석 및 예보 서비스 제공	식약처, 농식품부 등
과세자료 관리 및 체납방지시스템 구축	• 국세정보(국세청)–관세정보(관세청)–지방세정보(안행부)–지자체 등 50개 기관 간 연계를 통해 130종의 과세정보 공유 ⇒ 과세자료 분산관리에 따른 착오부과 방지 및 누락세원 발굴	국세청, 관세청, 안행부 등

국유재산 통합관리시스템 구축	• 기재부(디지털예산회계)–국토부(공간정보센터) 등 10개 기관, 20개 시스템 연계를 통해 국유재산관리정보 통합 ⇒ 국유재산 실태조사 업무간소화 등을 통해 국유재산 관리를 효율화하고, 국유재산 종합정보 제공을 통해 국민편의 향상	경찰청, 국세청, 지자체
실시간 원격강의시스템 구축	• 전 부처 공무원 교육훈련기관의 원격강의시설, 강의 콘텐츠 관리시스템, 교육관리시스템 간 연계 ⇒ 전 부처가 공동활용하는 원격강의시스템을 구축하여 예산 중복투자를 예방하고, 교육기관 지방이전으로 발생할 수 있는 교육품질 저하문제 해소	전 부처

5 협업 · 소통 지원을 위한 정부운영시스템 개선

□ 부처 간 협업을 지원하는 기반시스템 마련

소속부처와 상관없이 전 공무원이 PC · 스마트기기로 의사소통 및 온라인 협업이 가능한 「정부통합 의사소통시스템」을 구축한다. 소통을 위해서 개인별 PC에서 전 부처와 문자대화 및 영상협의가 가능한 '통합 메신저' 및 행정기관 상호 간 '메모보고' 기능을 도입하고, 협업을 위해서 온라인 협업공간을 마련하여 협업과제방을 통해 보고서 공동작업 및 협업과제에 대한 진도관리 그리고 일정관리 등을 시행하고자 한다.

각 부처의 정책정보, 출장 · 해외연수 결과 등 각종 보고서를 공유하고, 맞춤형으로 검색할 수 있는 「지식경영시스템」을 구축한다. 지식공유를 통해, 결재문서, 메모 보고 등의 업무지식을 자동으로 축적하는 한편, 각종 정부기록물은 물론 공공 · 민간의 관련 지식을 연계하고, 지식검색을 통해서 지식을 쉽게 찾을 수 있는 지능형 검색을 도입한다. 이를 통해서 정부통합 의사소통시스템과 연계, 집단지성을 활용한 정책품질을 제고한다.

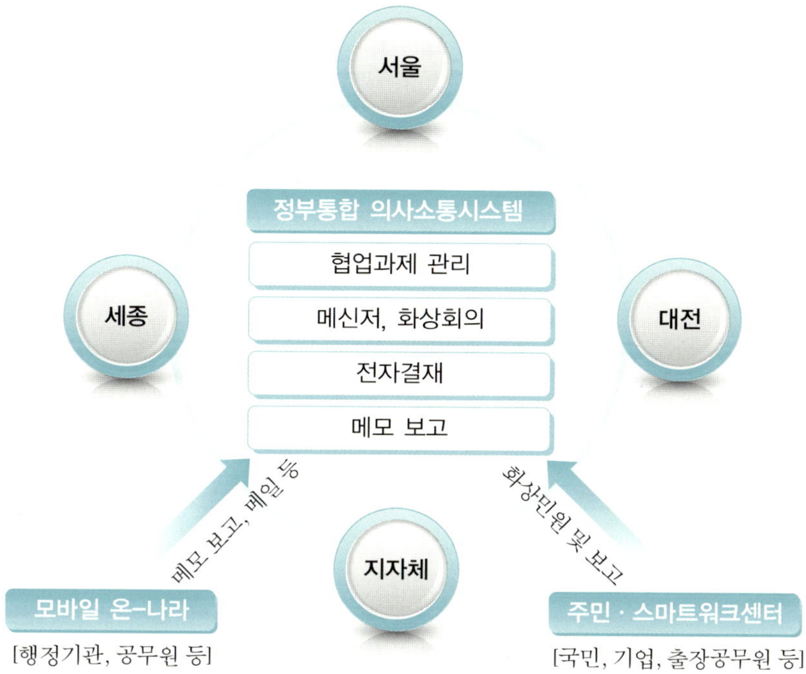

〈그림 Ⅲ-6〉 부서 간 협업을 지원하는 기반시스템 마련

□ 원격근무 비효율 극복을 위한 디지털 협업시스템 구축

영상회의 활성화를 위해 회의문화를 개선하고 인프라를 확대하며 의무이용목표를 설정하고 점검하고자 한다. 또한 범정부 영상회의 공통기반 구축 및 영상회의 유형 간 연계를 확대하며, 영상회의 이용활성화 방안 및 활용가이드를 제공한다. 한편, 스마트워크센터를 유연근무제 활성화와 연계하여 이용을 확대하고 출장 · 이동 중에도 스마트폰, 태블릿 PC 등을 활용하여 업무를 수행할 수 있도록 1단계로 공직메일, 게시판 열람, 메모 보고를 활용하도록 하고, 2단계에서 보안문제를 해결한 후 결재까지 지원하고자 한다.

□ 지식 · 정보 공유기반 마련을 위한 클라우드 컴퓨팅환경 구축

정부통합전산센터를 클라우드 컴퓨팅센터로 전환하기 위해서 신규 시스템 구축, 노후 시스템 교체 시 클라우드 기술을 적용하여 다부처 공동이용이 가능한 체계로 단계적으로 전환한다.

〈표 III-11〉 연도별 클라우드 전환계획(안)

구 분	'12년(시범)	'13년	'14년	'15년	'16년	'17년
전환 대상	42개	74개	141개	146개	159개	178개
누계	42개	116개	257개	403개	562개	740개

□ 부처 간 칸막이 제거를 위한 정부운영제도 혁신

- 조직 · 인사 · 예산 · 평가 등 정부혁신을 통해 정부3.0을 뒷받침
- 개방 · 공유 · 소통 · 협력의 정부3.0 기본가치를 정부운영의 전 과정에 확산

범정부적 차원의 효율적 기구 · 정원 관리를 일괄 직제조정을 통해 국정 · 협업과제 중심의 정부조직 운영을 지원한다. 현 기구범위 내 자율조정, 유동정원 활용, 불가피한 경우 통합정원을 활용한다. 조직진단으로 구조적 원인을 파악하여 협업체계를 재설계하고, 부처단위 정원관리를 탈피한 「범정부 통합정원제」(매년 전 부처 정원의 1%를 통합정원으로 지정하여 협업과제에 우선 배정하도록 하고 부처 · 부서 간 경계를 넘나드는 과제 중심형 조직. 부처 간 T/F 등이 이에 해당함)을 적극 활용한다.

인사교류의 대폭 확대로 협업문화를 조성하기 위해 국정 · 협업과제 중심으로 중앙부처 간 통합인사관리를 실시한다. 협업분야 중심으로 개방 · 공모직위를 전면 재지정하고, 최소 타 부처 인사임용 등 외부임용을 확대하여 범정부 통합인사관리를 추진한다. 그리고 과장급 공모직위제를 신설하고 개방형 직위를 확대한다. 4, 5급 이하에서는 협업관련 분야 인력을 일정비율 유지할 수 있도록 교류정원제를 도입한다. 그 외에 중앙-지방 간 파트너십 강화를 위한 인사교류 확대를 실시하고, 이를 위해 과장급 계획교류목표제를 도입하며, 5급 이하에 대해

서 협업분야, 상호 희망분야 중심으로 교류를 확대한다. 한편, 신규임용자는 중앙-지방 교환근무 제도화에 초점을 두고 민간의 전문성이 요구되는 직위 대상에 대하여 민간인 대상 개방형 직위를 과장급 및 일부 기술직렬까지 확대하고, 경력채용 시 학위 · 자격증보다 민간경력을 우대할 수 있도록 한다.

- 외부기관 경력 여부를 본부 실 · 국장 임용심사에 반영하고, 교류자에 대한 승진 · 수당 · 보직 등 인센티브 제공

협업과제 중심의 예산 · 평가제도를 운영하고자 한다. 예산의 경우, 협업지원 예산을 우선적으로 지원하고, 협업 T/F에 관련예산에 대한 조정권한을 부여하며, 협업 우수기관에 예산 인센티브를 제공한다. 평가의 경우, 정부 업무평가, 개인평가 및 지자체 합동평가에 '협업추진실적'이 포함된 정부3.0 관련 평가지표를 반영한다.

6 빅데이터를 활용한 과학적 행정 구현

□ 국가미래전략 수립 지원

다양한 정보의 연관관계 파악 등을 통한 미래트렌드 파악, 국가적 과제 발굴 및 미래비전 수립을 지원한다. 이를 위해서 국가지식정보를 과학적으로 분석, 미래비전 수립을 지원하는 '국가미래전략센터'를 구축한다. 그리고 데이터 분석 · 활용기술 개발과 전문인력 양성을 통해 빅데이터 관련산업의 경쟁력 제고 및 투자 · 고용 창출이 유발되도록 한다.

□ 데이터기반의 과학적 정책수립 지원

다양한 공공 · 민간정보를 구체적으로 분석하여 정책품질 향상을 위해 지원한

다. 그리고 안전, 경제 등 6대 분야 21개 시범과제를 추진하는데, 다음은 분야별 예시이다.

- (경제) 온라인 가격정보, 행정데이터 등을 활용한 통계 자동 · 적시생성(통계청 등)
- (교통안전) 주민참여형 교통사고 감소체계 구축(경찰청, 지자체 등)
- (재난 · 재해) 예측기반의 자연재해 조기 감지 · 대응(방재청, 기상청 등)

□ 각 부처가 공동으로 활용할 수 있는 빅데이터 기반시스템 구축

각 부처에서 필요한 공공데이터를 분야별로 연계하고, 공유 · 분석할 수 있는 기반을 구축한다. 시스템 구축과정은 공통기반 ISP → 시스템 구축 → 시범과제 추진으로 단계별로 진행한다.

	1단계('13~'14년) 기반 구축	2단계('15~'16년) 확대 발전	3단계('17년~) 고도화
활동과제	• 통계 자동생성(국가경제) • 과학수사(사회안전) • 재난예방관리(사회안전)	• 보건의료서비스 지원(국민복지) • 건설교통 정보화(국가인프라)	• 국가적 중장기 과제(국가경제) • …
추진내용	• 빅데이터 공통기반 구축 • 미래전략센터 구축 • 기술 로드맵 마련	• 빅데이터 공통기반 확대 구축 • 미래전략센터 구축 고도화 • 기술 고도화	• 센터구성 및 상시 분석

〈그림 III-7〉 각 부처 공동으로 활용할 수 있는 빅데이터 기반시스템 구축과정

3) 전략 3: 국민 중심의 서비스 정부

국민 중심의 서비스 정부와 관련해서는 현재 행정서비스별 개별 신청 · 제공, 취약계층에 대한 행정서비스 미흡, 정보기술과 행정서비스 간 괴리 등의 문제를 해결하고, 향후 생애주기별 맞춤형 서비스 제공, 접근성 제고를 통한 서비스 사각지대 해소, 새로운 정보기술을 활용한 서비스 확대 등을 달성하는 데 초점을 두고 있다. 이를 위한 세부적인 과제는 [7]부터 [10]까지이다.

[7] 수요자 맞춤형 서비스 통합 제공

□ 생애주기별 맞춤형 서비스 제공

출생, 취학, 병역, 이사 등 생애주기별 민원에 대해 일괄서비스를 제공하고자 한다. 다만, 국민체감도 및 서비스 이용률을 고려하여 단계적으로 서비스를 연계 · 확대한다. 예를 들어, 사망 시 72종의 민원사무 중 유족연금신청 등 18종 서비스 일괄제공 등이 여기에 해당되며, 〈그림 III-8〉과 같이 도식화할 수 있다.

〈그림 III-8〉 생애주기별 맞춤형 서비스(예시)

□ 개인 유형별 맞춤형 서비스 제공

각종 행정서비스를 수혜자 유형별로 재분류한 「행정서비스맵」을 제작 · 활용한다. 예를 들어, 장애인, 노인 등 취약계층에 대하여 맞춤형 일괄서비스를 제공하되, 단계적으로 유형별 서비스를 세분화하고, 확대 추진한다. 이에 대한 구체적인 내용을 도식화하면 〈그림 III-9〉와 같다.

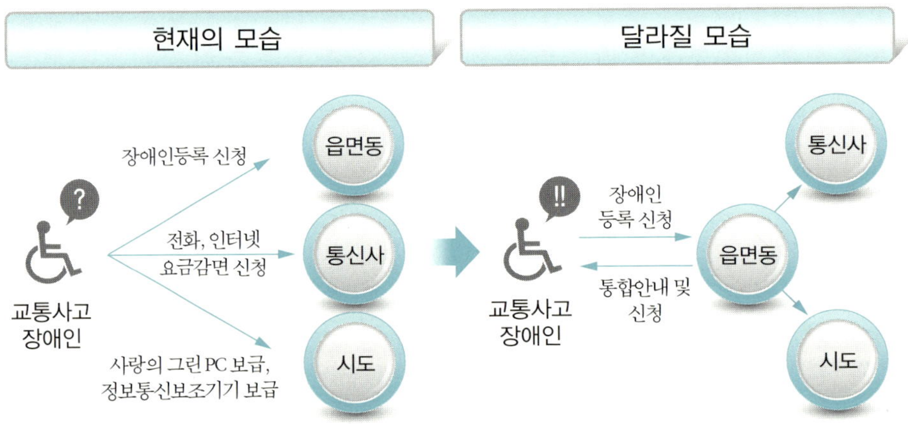

〈그림 III-9〉 장애인등록 시 각종 요금 감면 및 장애수당 등 42종 서비스 안내 · 제공(예시)

□ 「민원 24」, 정부대표포털 등을 통한 통합생활민원정보 제공

• 한 번의 정보 입력으로 모든 서비스를 선제적 · 통합적으로 지원
  –행정정보 공동이용, 부처 간 시스템 연계, 창구 일원화 등을 통해 일괄처리

국민생활과 밀접한 건강검진일, 운전면허갱신일 등 생활민원정보를 통합 제공하며, 정부대표포털(www.korea.go.kr)을 통해 실생활에 필요한 정책정보를 국민이 알기 쉽도록 안내하여 계층별로 필요한 정보를 원스톱으로 상세한 안내를 받고 필요한 사이트를 찾아들어갈 수 있도록 민간포털, 전문 커뮤니티 등과 지속적으로 연계를 확대한다.

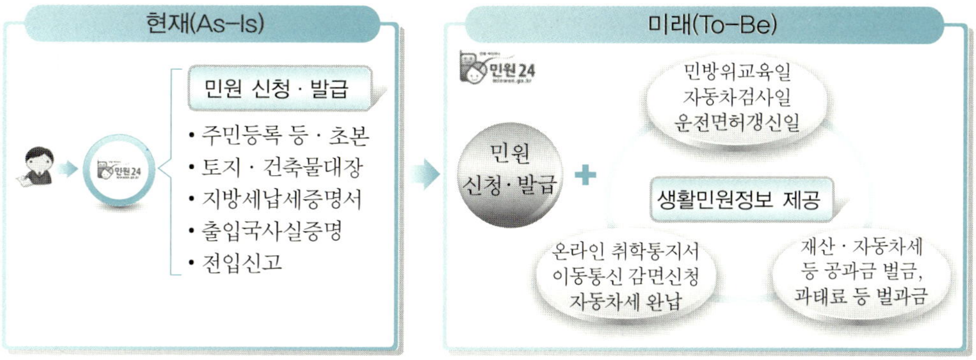

〈그림 Ⅲ-10〉 통합생활민원정보 현재와 미래 비교

□ 시스템 연계 · 통합을 통한 국민불편사항 해소 추진

국민불편사항 해소를 위한 구체적인 예는 〈표 Ⅲ-12〉와 같다.

〈표 Ⅲ-12〉 국민불편사항 해소 사업(예시)

과제명	주요 내용	관련 부처
간단e 납부	• 위택스-과태료시스템-새올행정-e지로 등 관련시스템(8개 부처, 244개 지자체, 22개 은행, 14개 카드사) 연계 ⇒ 세금 · 공과금 통합납부로 국민편의 제고 및 징수 · 수납 기관 업무효율성 향상	안행부, 경찰청, 지자체 등
재난피해주민 지원시스템	• 복지정보-통신정보-전기정보-교육정보-주민정보 연계 ⇒ 재난피해주민에게 세제 지원, 전기 · 통신료 감면 등 혜택 통합 제공	복지부, 미래부, 산업부 등
시외버스-고속버스 온라인 예매시스템 통합망	• 시외버스 통합전산망 구축 및 시외 · 고속버스 승차권 발매 시스템 연계 · 통합 ⇒ 시외 · 고속버스 운행정보 제공 및 통합발권서비스로 국민편의 제고	국토부
운전면허 적성검사 시 신체검사 생략	• 경찰청(도로교통공단)-복지부(건강보험공단)-안행부(공동이용센터) 간 시스템 연계 ⇒ 운전면허 적성검사 시 별도 신체검사 및 검사비용 생략으로 국민편의 제고	경찰청, 복지부, 안행부 등

8 창업 및 기업활동 원스톱 지원 강화

□ 맞춤형 창업 · 기업활동 지원 강화

「중소기업지원 통합관리시스템」 구축 · 운영을 통해서 중소기업 지원사업 이력정보, 중소기업 경영정보 등을 체계적으로 관리한다. 기업 맞춤형으로 지원사업 정보 제공 및 사업 통합으로 신청하며, 시스템을 구축하고 중앙부처 대상으로 시범운영한 후 지자체로 확대하는 단계를 계획하고 있다. 범정부적 협업체계를 구축, 기업 유형별 · 생애주기별 맞춤형 지원에 있어서 협업을 통한 규제개선, 정보 · 시스템 연계, 관행개선 등을 추진한다. 예컨대, 안행부의 민원 24와 미래부의 G4B, 중기청의 Bizinfo의 기업 관련 정보를 연계, 창업 · 기업인의 통합정보 접근성을 제고한다.

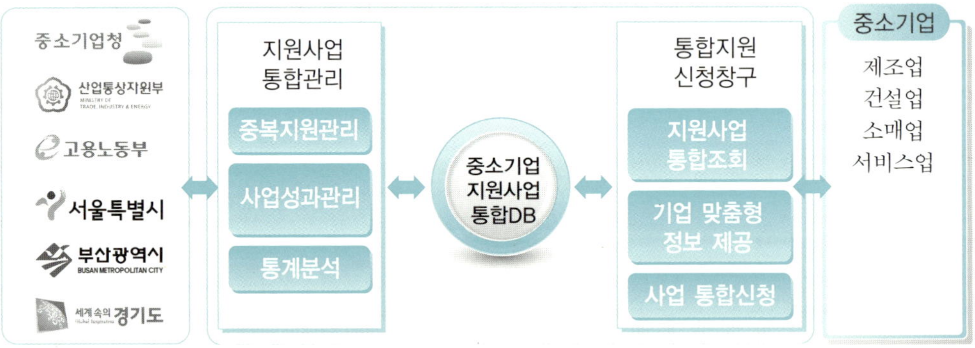

〈그림 III-11〉 중소기업지원 통합관리시스템 구축 및 운영

또한 기존에는 개별 중소기업이 창업 · 벤처, 소상공인, 수출 등의 분야에 따라 원하는 정보를 탐색하고 필요한 정보를 일부 구매하기도 하였으나 향후 중소기업 자신의 업종, 상시 근로자 수, 지역, 필요정보 등을 입력하면 중소기업지원과 관련된 모든 부처에서 생성된 관련 정책정보가 맞춤형으로 자동제공될 수 있도록 하고자 한다.

중소기업이 일방향 정보 탐색

(현행) 정책정보 분야별 제공

분야	지원정책
창업 · 벤처	창업투자 창업보육 창업교육
소상공인 · 전통시장	경영지원 전통시장 컨설팅
판로 · 수출	마케팅 공공구매 수출지원

중소기업이 자신의 정보 입력

(정보 입력 예시)

업종	제조업	도 · 소매업	유통업	숙박업
상시 근로자수	5인 미만	10인 미만	50인 미만	100인 미만
지역	서울	경기	강원	충청

↓

맞춤형 정책정보 자동제공

〈그림 Ⅲ-12〉 기업 맞춤형으로 지원사업정보 제공 및 사업 통합신청

□ 원스톱 기업민원 서비스 제공

지자체에 허가전담창구를 설치하고 기능을 확대한다. 현재는 김포시, 포천시 등 59개 시군구에서 운영 중에 있으나 향후 수요조사 후 단계적으로 확대하되 지자체 특성에 따라 모델을 차별화하여 효과를 극대화하고자 한다. 또한, 「기업활동 지원전담반」을 구성, 일선 현장의 애로사항을 발굴 · 해결하도록 한다.

〈표 Ⅲ-13〉 지자체 특성에 따른 허가전담창구 모델(안)

- (유형 1) 허가과 신설: 민원실 외 별도 허가전담부서 신설
- (유형 2) 민원실 확대개편: 민원실에 허가전담팀 통합운영
- (유형 3) 기동배치: 허가인력을 민원실에 기동배치하여 상담편의 제공

9 정보 취약계층의 서비스 접근성 제고

□ 주민센터 등 최접점 민원창구 확대

주민센터를 복지허브로 개편, 원스톱 복지서비스를 제공하기 위해서 기능보강형(현 주민센터 유지, 복지기능 강화), 통합형(몇 개 동 통합, 일반행정+복지행정), 거점형(몇 개 동 관할 복지전담센터 설치 등) 등 개편 모형을 마련하여 지역 특성에

따라 선택할 수 있도록 제시한다. 특히 주민센터 · 우체국 간 협업을 통해 취약계층에 대한 복지서비스를 확대한다. 집배원이 우편물 배달 중에 인지한 취약계층의 생활상태, 불편사항 등을 관할 지자체에 제보하여 민원처리를 시도하거나, 필요로 하는 민원서류를 집배원을 통해 무료로 배달하도록 한다.

업무협약
(지자체 · 우체국)

취약계층의 생활상태 등 제보
(집배원 → 지자체)

거동불편인 민원서류 배달
(지자체 → 집배원)

처리결과 통보
(지자체 → 집배원)

배달결과 통보
(집배원 → 지자체)

우수 집배원 포상 등 사후관리
(지자체)

〈그림 III-13〉 주민센터 등 최접점 민원창구 확대 운영방식

□ 장애인 · 고령자 등에 대한 웹 접근성 제고

인터넷 · 앱 접근성을 표준화하고 우수 웹사이트 · 앱에 대한 품질인증을 실시하며, 영상수화 상담, 음성 민원서류, 정보통신 보조기기 지급 등을 통해 장애인, 고령자 등의 웹 접근성을 제고한다.

10 새로운 정보기술을 활용한 맞춤형 서비스 창출

□ 첨단 IT기술을 활용한 행정서비스 확대

최신 정보기술(전자태그, 위치정보 등) 기반의 지능형 서비스를 발굴하고 확산하고자 한다.

〈그림 Ⅲ-14〉 7대 전략분야(40개 세부분야)를 중심으로 중장기서비스 로드맵

7대 전략분야(40개 세부분야)를 중심으로 중장기서비스 로드맵을 수립하고 추진하되 생활편의, 환경관리 등 4개 분야를 우선적으로 시행한다.

〈표 Ⅲ-14〉 2013년 u-서비스 지원과제 현황(9개 과제)

구 분	사업명(주관기관)
생활편의	학교급식 연계 로컬푸드 유통시스템(충남)
	u-IT기반 섬지역 긴급구조 지원시스템(소방방재청)
환경관리	가축분뇨 전자인수 · 인계 시스템(환경부/제주)
	국가산업단지 환경감시시스템(전남 광양)
재난대응	재해구호물자 통합정보시스템(소방방재청)
	u-IT기반 급경사지 통합관리시스템(소방방재청)
맞춤형 복지	USN기반 시드팜 컨테이너시스템(김제)
	유해동물 퇴치시스템(제주 · 국립공원관리공단 · 김제)
	u-IT기반 버섯생장관리(경기도)

□ 모바일을 활용한 생활밀착형 서비스 제공

이동하며 이용가능한 스마트폰기반의 생활편의 서비스를 확대하여 생활밀착형 서비스를 제공한다. 구체적인 예는 〈표 Ⅲ-15〉와 같다.

〈표 Ⅲ-15〉 모바일을 활용한 생활밀착형 서비스 제공

- 스마트 안전귀가서비스 기능강화(안행부)
- 도로이용 불편사항 신고서비스(국토부)
- 해외 안전여행을 위한 모바일 원스톱서비스(외교부)
- 실시간 기상정보와 연계한 안전한 국립공원정보 제공(환경부)
- '기업마을 앱'을 통해 맞춤형 중소기업 지원정보 제공(중기청)
- 위치기반 공증사무소 검색 및 모바일 공증상담서비스(법무부)
- 농업재해 관련 모바일 '안전영농 지키미' 서비스(농식품부)

IV

정부3.0 실천과제의 모색

제1절

소통하는 투명한 정부

1. 공공정보 적극 공개로 「국민의 알권리」 충족

■ 선진국 사례

○ 영국은 지역의원들이 내린 주요 정책결정과 예산활용내역을 온라인으로 게시

○ 프랑스는 법령을 제정하고 전담조직을 구성하였으며, 공공정보의 수집 및 공유를 위한 국가적 플랫폼을 개발

○ 미국 워싱턴 주는 개인당 도로관리비용 등 개인당 발생되는 행정서비스 비용정보를 제공

■ 추진방향

○ 법령제정, 전담조직 구성, 국가적 플랫폼 구축, 국회 및 지방의회 활동공개, 개인당 행정비용 제공

○ 핵심원칙은 정부(공급자)가 아닌 국민(수요자)이 원하는 정보를 제공한다는 것임

○ 국민의 의사를 반영하기 위해

- 기존에 요구되었던 목록내용을 우선적으로 공개
- 공공데이터포털 애플리케이션 및 쌍방향 모바일채널 운영 활성화

○ 공개되는 정보의 품질과 신뢰성을 확보하는 것도 중요

1) 선진국 사례

(1) 영국의 지방의원 활동정보 공개

영국의 지방행정부(Department for Communities and Local Government)는 지역 의원들이 내린 주요 정책결정 내용과 어떠한 항목에 예산을 쓰는지를 온라인에 게시하고 있다. 원칙적으로 500파운드(한화로 대략 85만 5천 원) 이상의 금액은 모두 공개하도록 했으며 공개되는 정보들은 지방정부 차원의 지출은 물론, 고위 공무원 개개인의 지출내역 및 임금에서부터 가장 낮은 수준의 공직자 임금 등 다양하다. 이러한 조치들은 현재 영국정부가 추진 중인 정보의 개방성과 투명성 확보를 통한 책임성 강화정책의 일환으로 진행되고 있다.

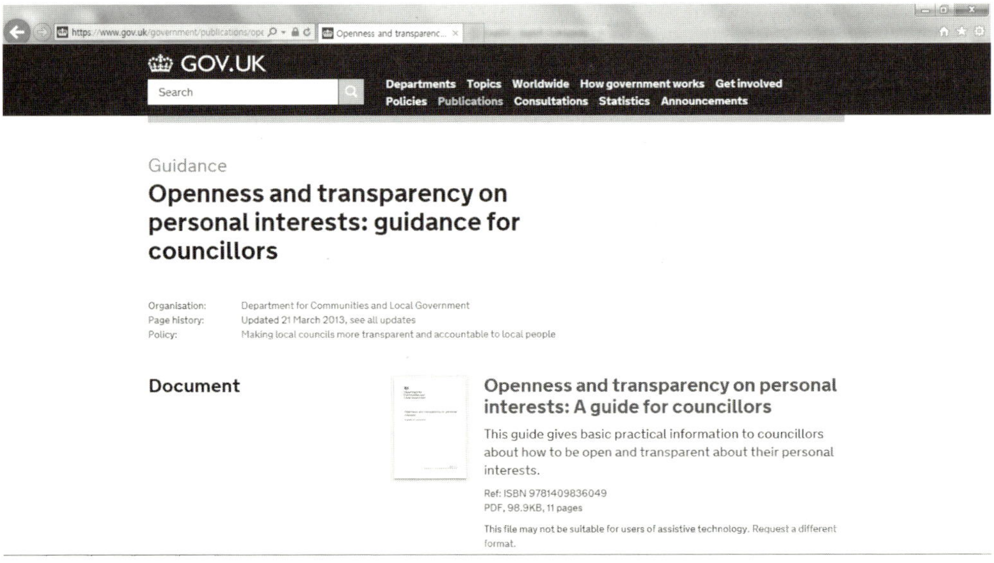

〈그림 Ⅳ-1〉 영국의 지방행정부(Department for Communities and Local Government)

(2) 프랑스의 공공서비스 현대화를 위한 부처간위원회

프랑스정부의 공개는 행정문서 접근권한에 관한 법령에 기반을 두고 있으며, 행정문서에 대한 접근권한은 최고행정재판소에서 공적자유로 인정된 바 있다.

중요한 공공정보의 온라인상의 무료공개를 결정한 바 있는 프랑스정부는 2011년 채택된 국가 및 공공행정기관 소유 공공정보의 재사용에 관한 법령에 따라 무료 재사용원칙을 수립하고, 공공정보에 대한 정부 간 통합포털을 개설하였으며 이용을 활성화시키는 임무를 맡은 'Etalab'이라는 조직을 구성하였다.

올랑드 대통령은 2012년 현 정부수립 이후 열린 첫 국무회의에서 모든 장관들에게 투명성의 의무, 행정문서에 대한 접근보장조항을 성실하게 준수할 것, 그리고 공공정보의 인터넷상의 무료 및 편리한 공개를 위해 강력하게 노력할 것 등을 담고 있는 윤리헌장에 서명하도록 한 바 있다. 한편, 공공서비스 현대화 정책의 추진을 위하여 프랑스 총리는 2012년 공공정보의 공개 및 공유원칙에 관한 총리회람을 재확인하고 Etalab을 총리실산하 공공서비스 현대화 사무국(SGMAP)에 편입시키면서 국가정보시스템 개념설계, 공공정보 공개, 정부정책의 평가 및 혁신 등을 포함하는 혁신팀을 구축하였다. 그리고 공공서비스 현대화를 위한 부처간위원회(CIMAP)에서는 정부의 공공정보 공개 촉진을 위해 〈표 Ⅳ-1〉과 같은 세 가지 결정을 채택하였다.

〈표 Ⅳ-1〉 프랑스 부처간위원회(CIMAP)의 결정내용

1) 공공정보 무료 재사용원칙의 지방자치단체, 공공서비스 위임기관 및 독립행정기관 등으로의 확대계획을 재확인함
2) 2013년부터 교육, 환경적 위협, 보건시스템의 투명성, 교통, 주택 공급, 사회보장급여의 가독성 및 정부지출 등에 관한 정보공개 관련토론을 개최하는 등 기관 및 공공서비스의 투명성 확대를 위한 노력을 강화함
3) SGMAP에게 예산기획처와 함께 각종 국민부담금에 대한 경제모델을 평가하도록 함

한편, Etalab은 무료개방을 통해 재사용이 가능한 공공정보의 수집 및 공유를 위한 국가적 플랫폼(data.gov.fr)을 개발하고, 35만 건 이상의 데이터세트를 업로드할 수 있도록 오픈데이터 관계자 및 정보제공자들 간의 네트워크도 구성하였

다. 또한 정보의 재사용자(스타트업, 협회 등) 관계망을 위한 업무도 진행하였고, 공모대회(Dataconnexions)를 두 차례 개최하며 11개의 유망한 프로젝트를 선정하여 지원하였다. 관계기관들과의 협의를 통해 도입한 open licence는 무료로 공급된 공공데이터의 재사용을 용이하게 하고 활성화하는 데 기여한 것으로 평가된다.

〈표 Ⅳ-2〉 프랑스의 공공정보 활용의 예(국민건강, 보건 분야)

국민건강 및 의료서비스 품질을 담당하는 한 전문의가 개설한 인터넷 사이트 'mon-hopital.fr'는 주거지 주변에 위치한 의료시설을 비교 검색할 수 있도록 하였다. 정부의 공공오픈데이터 포털(data.gov.fr)과 의료서비스 품질평가 결과를 공개한 공중보건위원회(HAS) 사이트(platines.gov.fr) 등의 정보를 활용하였으며, 사이트 접속을 통해 사용자는 거주지 주변 의료시설의 위치, 서비스 품질, 진료비 수준 및 시설인증 합격여부 등의 정보를 확인할 수 있다.

프랑스 총리는 지난 2013년 '공공서비스 현대화를 위한 부처간위원회(CIMAP)'에서 〈표 IV-3〉과 같은 결정을 내리고 공개하였다.

〈표 Ⅳ-3〉 공공서비스 현대화를 위한 부처간위원회의 결정

1) 2013년부터 data.gouv.fr(공공오픈데이터 포털)에 아래와 같은 전략적 분야에 대한 새로운 데이터 세트를 공개
   -안전: 도로교통 안전과 관련하여 경계해야 할 지역 공개
   -건강: 이동식 의료서비스 휴무정보, 의료서비스의 질 및 안전성 지수 등
   -경제활동: 프랑스 공공투자은행, 프랑스 중앙은행 및 중소기업청 등의 정보공개
   -연구: R&D에 대한 투자액 및 지역별 연구원 수
   -환경: 수질정보

2) 정부는 일련의 개혁안 발표 시 공공정보 공유의무를 준수할 것
   -공공서비스의 분권화 및 개혁에 관한 법안에 따라 지자체도 지역에 관한 공공정보를 시민들에게 공개할 것

3) 프랑스국영철도(SNCF)와 파리교통공사(RATP)의 정보공개

4) 전국적 카탈로그 발행을 통해 공개정보에 대한 접근성 향상

5) 공공오픈데이터 포털(data.gov.fr) 신규 버전 준비
   -2105년까지 국민들과 상호작용을 할 수 있는 collaborative 모듈을 운영

미국 워싱턴 주는 주정부 및 시정부의 예산운용과 관련하여 시민들의 불신을 줄일 수 있도록, 시민들의 관점에서 이해하기 편한 정보들을 제공하고 있다(http://www. mrsc.org/subjects/governance/participation/comdollar.aspx). 특히 항목별 예산총액은 물론, 개개인이 이용할 때 발생하는 행정비용을 구체적으로 제시하고 있다. 예를 들어, 개인당 경찰 및 치안서비스($6.93), 개인당 공원사용($4.09), 개인당 소방응급대응($3.99), 개인당 일반행정서비스($2.61), 개인당 도로관리 및 보수($3.50) 등 상세한 정보를 공개하고 있는 것이다.

이와 함께 일반시민들이 일상에서 지출하는 비용들도 비교하여 제시하고 있다. 예를 들어, 저녁식사 외식비용($25.0), 기저귀 가격($24.99), 2인 영화표 가격($21.0), 12캔 맥주 1박스($7.28), 커피음료 1잔($1.75) 등을 제시함으로써 일반시민들이 당연하게 받고 있는 행정서비스의 종류별 비용에 대한 상대적 가치를 인식하도록 하여, 시민들의 예산운용에 대한 불신을 줄일 수 있도록 노력하고 있는 것이다.

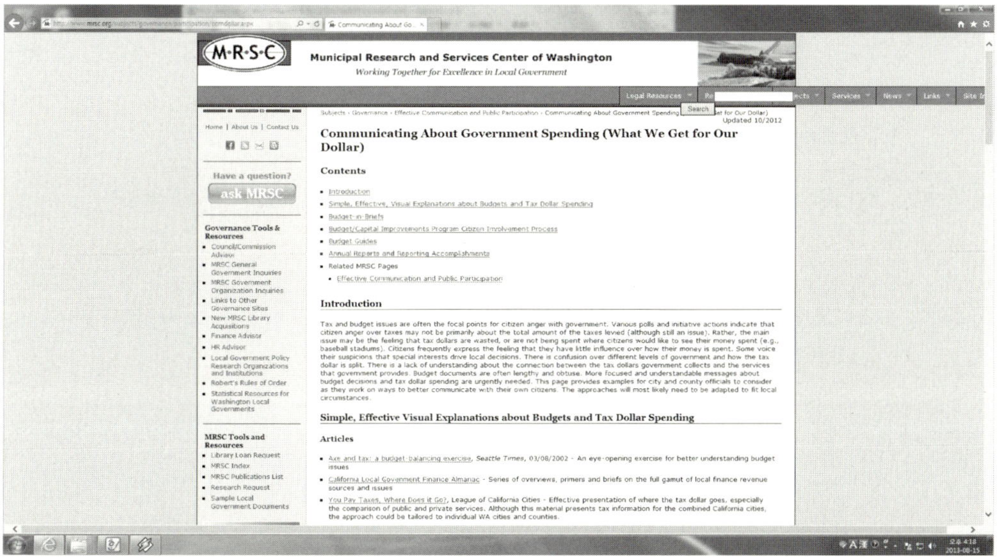

〈그림 Ⅳ-2〉 워싱턴 주의 정부예산 지출 정보공개 방법

2012년 일본의 고도정보통신네트워크사회 추진전략본부의 '전자정부 오픈데이터전략' 결정은 공공데이터 활용을 촉진하기 위한 노력을 가속화하는 것이었다. 국민생활의 향상, 기업활동의 활성화 등을 도모하고, 일본의 사회경제의 전체적 발전에 기여하는 데 초점을 둔 것이었다. 또한 일본의 공공데이터 활용의 추진에서, ① 정부 스스로 적극적으로 공공데이터를 공개할 것, ② 기기판독이 가능한 형식으로 공개할 것, ③ 영리 목적, 비영리 목적을 막론하고 활용을 촉진할 것, ④ 대처 가능한 공공데이터부터 신속하게 공개해서 성과를 확실하게 축적해 나갈 것이라는 네 가지 기본원칙을 제시하였다.

이러한 정책방침을 근거로 각 부처에서는 로드맵에 따라 내각 관방과 연계하여 오픈데이터의 대책을 추진하고 있으며, 민간 및 지방자치단체 등과의 연계를 도모하고 원활하고 신속하게 오픈데이터를 구축하기 위해 노력하고 있다. 민간 등과의 연계라는 관점에서 기기판독에 적합한 데이터 형식으로 공개를 확대하고 있고, 민간 등이 보유하고 있는 기술 · 노하우 등을 활용하겠다는 의지도 보인다. 또한 구체적인 조치에서 충분한 정보보안을 확보하고자 노력하는 것도 주목할 만한 사항이다.

2) 국내 사례 검토와 추진방향

우리나라 정부의 정보공개와 관련된 추진계획 중 몇 개의 사례를 검토해 보자. 환경부가 계획하고 있는 유해화학물질 관리정보 및 신속한 사고정보 제공은 사고발생 시 초동 대응기관에 취급업체 정보, 물질방재 정보, 주민 대피범위 등 맞춤형 정보를 제공하고 국민의 불안감 해소에 기여할 수 있다는 측면에서 좋은 사례이다. 한편, 교육부의 대학 재정지원 정보공유 및 활용계획은 그 자체로도 매우 의미 있는 사례일 수 있으나 대학에 지원된 재정의 적절한 사용과 그 효과에 관심을 가지고 있는 국민의 관점에서는 포함되어야 할 정보의 양이 확대되기를 기대할 여지가 있다. 향후 공공정보의 공개와 관련하여 강조되어야 할 점은 다음과 같다.

(1) 국민이 원하는 정보의 제공

정보의 적극적 공개를 통해 국민의 알권리를 충족시키는 과제수행에서 가장 먼저 생각해야 할 것은 공급자인 정부가 아닌 수요자인 국민이 원하는 정보를 제공해야 한다는 것이다. 국민의 의사를 반영하기 위해 기존 시민단체, 정책자문단, 정보공개심의회, 민원 등으로 제기된 목록을 우선적으로 공개할 필요가 있고, 이 외에도 국민 개개인이 원하는 정보를 용이하게 획득할 수 있도록 공공데이터 포털운용에 쌍방향 모바일채널을 확보하는 것이 바람직하다.

(2) 선진국 사례 벤치마킹

선진국 사례를 통해 국회 및 지방의회 의원의 활동을 보다 구체적으로 공개하고 국민 개개인의 행정비용에 관한 정보제공이 필요함을 알 수 있다. 특히 개인당 소요되는 행정서비스 비용을 산출하여 민간재화 또는 서비스와 비교할 수 있도록 하는 것은 세금가치에 대한 재인식을 가능하게 하고 정부예산 운용에 대한 관심과 애정을 유인한다는 측면에서 매우 바람직한 벤치마킹 사례라고 할 수 있다.

(3) 정보의 품질과 신뢰성 확보

공개정보의 확정과 관련하여, 공개 제외사항인 안보 등 국가정보(security) 및 개인정보(privacy)를 보호하는 것도 중요하지만 동시에 공개되는 정보의 품질과 신뢰성을 확보하는 것이 매우 중요하다. 이를 위해 법률 등 분야별 전문가가 포함된 심의위원회를 각 부 차원에서 내실 있게 운영하고 범정부 차원, 부처 차원, 각 기관 차원에서 정보공개 홈페이지를 연계하되 공공데이터 포털에서는 부처-부서-사업 또는 키워드로 찾아 들어가기 쉽게 구성하여 전체적 관리가 가능할 수 있도록 운영해야 할 것이다. 또한 연락처를 명시한 실명으로 정보공개

담당자를 지정공시하여 정책(또는 사업)실명제를 확충함으로써 공개정보의 책임성, 최신성 등을 확보할 필요가 있다.

2. 공공데이터의 민간활용 활성화

■ 선진국 사례

○ 영국의 재무컨설팅 회사인 듀딜(Duedil)은 다양한 출처의 공공정보를 수집하여 민간기업의 사업모델을 제공해 주고 있음

○ 프랑스에서는 주변 의료시설의 위치, 서비스 품질, 진료비 수준 및 시설인증 합격 여부 등의 정보를 제공하고 있음

○ 프랑스는 또한 기업들의 해외생산시설 U턴을 지원하는 온라인 소프트웨어서비스를 개시함

○ 미국 국립건강원(National Institutes of Health)은 1,000여 가지의 유전학 관련 연구 데이터를 클라우드에 공개하고 있음

■ 추진방향

○ 공공정보의 민간활용 활성화는 실제 민간이 좋은 일자리를 창출할 수 있도록 해야 함

-새로운 사업(또는 시장)기회, 과학기술(ICT기술 등)로 부가가치 창출

○ 공공정보의 민간활용을 위한 기반의 조성

-법적 · 행정적 장애요인 제거

1) 선진국 사례

(1) 영국기업의 산업성장모델

영국기업의 공공정보 활용사례와 관련하여 영국의 재무컨설팅 회사인 듀딜(Duedil)은 다양한 출처의 정보를 수집하여 사업모델을 제공해 주고 있다. 이 회

사의 특성은 영국과 유럽의 공공부문에서 제공하는 20년 동안의 기업 및 산업에 대한 정보를 분석하여 시각적으로 제시해 줌으로써, 다양한 종류 및 수준의 기업들이 손쉽게 특정 산업과 지역적 특성을 고려한 산업성장모델을 도출할 수 있도록 도움을 주는 데 있다. 나아가 공공정보와 함께 민간부문에서 제공하는 정보를 같이 취합하여 분석의 타당성과 신뢰성을 높이고 있다. 듀딜이 제공하는 정보는 영국과 유럽 전 지역에서 손쉽게 접근가능하며, 다양한 종류의 사업모델을 무료로 제공하고 있어, 기업 및 투자자들이 새롭게 시장을 진출하고 고용을 창출하는 데 큰 기여를 하고 있다. 2013년 5월에는 전 세계의 기업들이 영국과 유럽 전역에서 창업과 시장 확대를 도모하는 데 도움을 주는 API(Application Programming Interface)를 개발하였다.

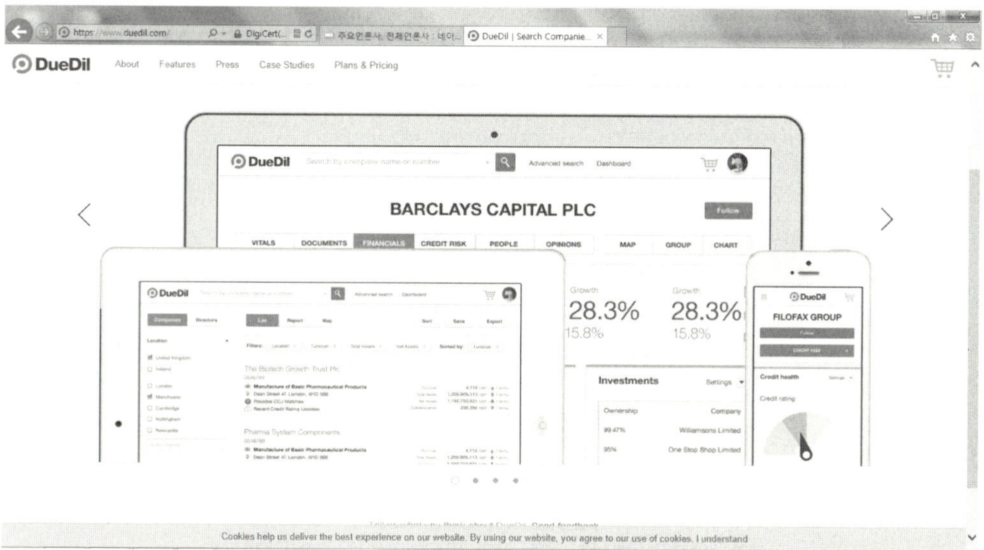

〈그림 Ⅳ-3〉 듀딜 데이터 분석: 사업 및 일자리 창출

(2) 프랑스의 인근 의료시설 정보

프랑스에서 국민건강 및 의료서비스 품질을 담당하는 한 전문가 개설한 인터넷 사이트 'mon-hopital.fr'가 공공정보 활용의 매우 좋은 사례를 보여 주고 있

다. 이 사이트에서는 주거지 주변에 위치한 의료시설을 비교 검색할 수 있다. 정부의 공공오픈데이터 포털(data.gov.fr)과 의료서비스 품질평가 결과를 공개한 공중보건위원회(HAS) 사이트(platines.gov.fr) 등의 정보를 활용하였으며, 사이트 접속을 통해 국민은 주변 의료시설의 위치, 서비스 품질, 진료비 수준 및 시설인증 합격여부 등의 정보를 확인할 수 있다.

〈그림 Ⅳ-4〉 프랑스 공공정보 활용의 예(국민건강, 보건 분야)

(3) 프랑스 해외생산 U턴 지원

프랑스정부가 기업들의 해외생산시설을 U턴하도록 지원하는 노력도 눈여겨 볼 필요가 있다. 프랑스정부는 기업들로 하여금 해외 생산시설 일부 또는 전부를 다시 프랑스 국내로 이전할 때 어느 정도 이득을 볼 수 있는지 평가할 수 있도록 지원하는 온라인 소프트웨어 'Colber 2.0' 서비스를 개시하였다(http://www.colber2-0.fr/). 2013년 7월 22일 프랑스 생산성재건부 몬트부르 장관은 기업이 이 사이트를 활용하여 스스로 해외생산시설 U턴의 효과를 평가해 볼 수 있다고 밝혔다. 이용방법 측면에서 각 기업은 사이트에 공개된 간단한 서식의 질문지(해외 구매, 운반시간의 중요성, 불량품 생산율 등)를 작성하면, 이에 의거하여 해외시설의 국내 이전 시 어떤 효과(긍정적 혹은 부정적)가 있을지 평가가 이루어진다. 또한 이후 이전절차의 구체적 지원을 위해 정부가 지정한 담당자를 연결해 주고, 경우에 따라 활용할 수 있는 일련의 정부지원 서비스 목록을 제공한다는 점도 주목할 부분이다.

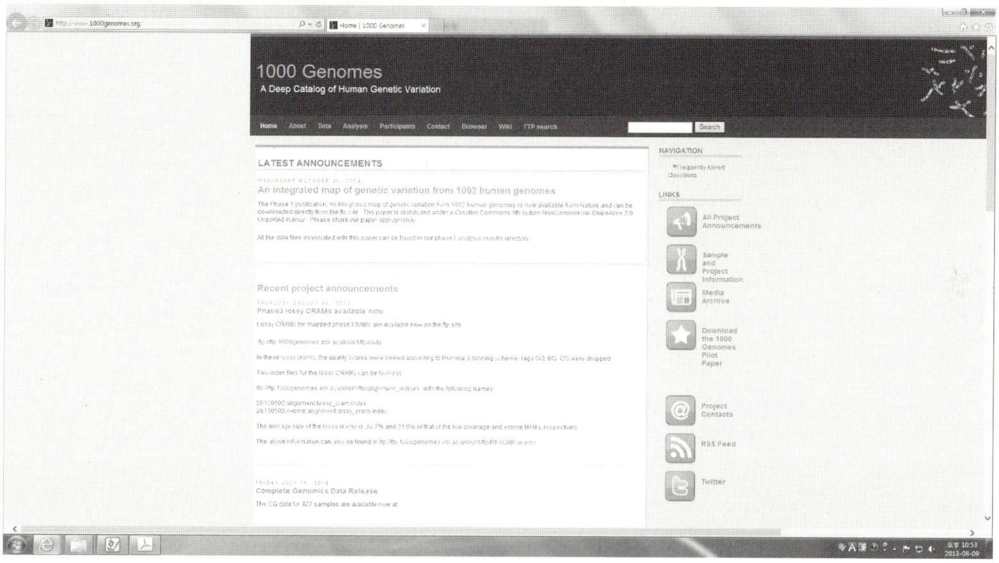

〈그림 Ⅳ-5〉 미국 국립건강원(National Institutes of Health)의 유전정보 공개

(4) 미국 유전학연구 클라우드

미국 국립건강원은 1,000여 가지의 유전학 관련 연구데이터를 클라우드에 공개하고 있다. 제공되는 연구 데이터는 세계에서 가장 방대한 규모의 데이터(대략 3만 장의 DVD)로, 이 데이터는 누구든지 무료로 이용할 수 있을 것으로 기대되며, 관련분야의 고용창출에도 이바지할 것이다.

2) 국내 사례 검토와 추진방향

우리나라 정부부처의 임무와 관련해 볼 때, 대기오염도의 실시간 변화에 관한 공공정보를 개방함으로써 오염도를 활용한 정보생성으로 수익을 창출할 수 있는 오염정보산업의 발생을 기대할 수 있다. 이것은 기상정보개방에 의해 날씨관련 산업이 활성화되고 있는 것과 유사한 경우라고 할 수 있다. 또한 교통의 혼잡 정도 및 우회도로 안내 등 도로상황정보, 지역별 주차가능 공간 및 위치정보, 대중교통 운행정보, 공사장 등 장애물에 관한 교통안전정보 등 다양한 교통정보를 GPS와 연계하고 인터넷 및 모바일 개방형으로 하여 자료 및 소스코드를 제공함으로써 사용자가 새로운 서비스를 개발하도록 할 수 있다. 한편, 산업적 측면에서 개인 및 중소기업이 해외로 수출하고자 할 때 필요한 구체적인 해외시장정보, 즉 품질 및 수량에 따른 가격조건, 바이어정보, 통관절차, 세금정보 등 각종 산업 · 무역 · 통상 관련 일련의 정보를 통합적으로 제공하는 것도 의미가 있다. 향후 공공정보의 민간활용과 관련하여 강조되어야 할 점은 다음과 같다.

(1) 좋은 일자리의 창출

공공정보의 민간활용에서 특별히 유념해야 할 사항은 이러한 공공정보 활용으로 실제 민간이 좋은 일자리를 창출할 수 있도록 해야 한다는 점이다. 첫째, 민간이 활용할 공공정보의 발굴은 국민의 알권리를 위한 정보공개와 다소 다른 차원의 접근이 필요하다. 소득창출 또는 사업적 기회와 연결되어야 하기 때문이다. 특히 새로운 시장개척 또는 제품생산에 도움을 주거나, 기존 생산방식이나 사업관리방식의 부가가치를 확충해 주는 정보를 제공해 주어야 한다는 것이다. 이를 위해 우선적으로 우리나라에 없지만 선진국에는 있는 직업 또는 사업의 목록을 점검하고, 이러한 새로운 직업의 창출이 가능하도록 관련정보를 제공하며, 기존 사업에 과학기술 또는 특별히 ICT기술을 부가함으로써 새로운 부가가치를 창출하도록 관련정보를 융합할 필요가 있다.

(2) 공공정보 민간활용을 위한 기반조성

공공정보 개방 및 활용을 위해서는 기반 마련이 중요하다. 안전행정부가 추진 중인 데이터의 신뢰성 · 편의성 제고를 위한 DB 품질개선사업, 개방형 · 표준형 전환, '공공데이터 포털(data.go.kr)'로의 일원화, 공공데이터 개방 · 활용 지원을 위한 '공공데이터 활용지원센터' 설치 · 운영, 공공데이터 개방 · 활용에 관한 총괄 심의 · 조정 역할을 수행하는 '공공데이터 전략위원회'(국무총리, 민간 공동위원장) 구성과 활발한 운용이 모두 중요하며, 특히 공공데이터 개방 · 제공 및 활용을 제약하는 법률과 행정적 장애요소를 빠른 시간 내에 정비해 나가는 것이 필요하다.

3. 민 · 관협치 강화

■ 선진국 사례

- ㅇ 영국의 산림위원회는 산림, 어업, 수질분야의 체계적인 관리, 개선방향, 기본 정책을 정하는 데 있어 국민들로 하여금 정책이 고려해야 할 다양한 요인이 무엇인지 구체적인 의견을 제시하도록 하고 이를 반영함
- ㅇ 프랑스에서는 행정기관에 대한 시정요청 등과 관련된 사항을 최종 통지에 앞서 사전에 공개
- ㅇ 미국은 준비 중인 모든(식품, 환경, 사업 등) 규제에 대해서 시민들이 열람할 수 있도록 하고, 규제내용에 대해 시민들이 개인적인 의견을 피력할 수 있도록 홈페이지를 운영

■ 추진방향

- ㅇ 이해관계자 중심의 참여가 아닌 중립적이고 객관적인 국민의 건전한 여론이 실제 정책에 반영될 수 있는 장치를 제도화하는 것이 중요함
- ㅇ 공무원이 가지고 있는 현황정보를 주고, 공무원이 갖추고 있지 못한 전문적 문제해결 정보를 받아야 함

1) 선진국 사례

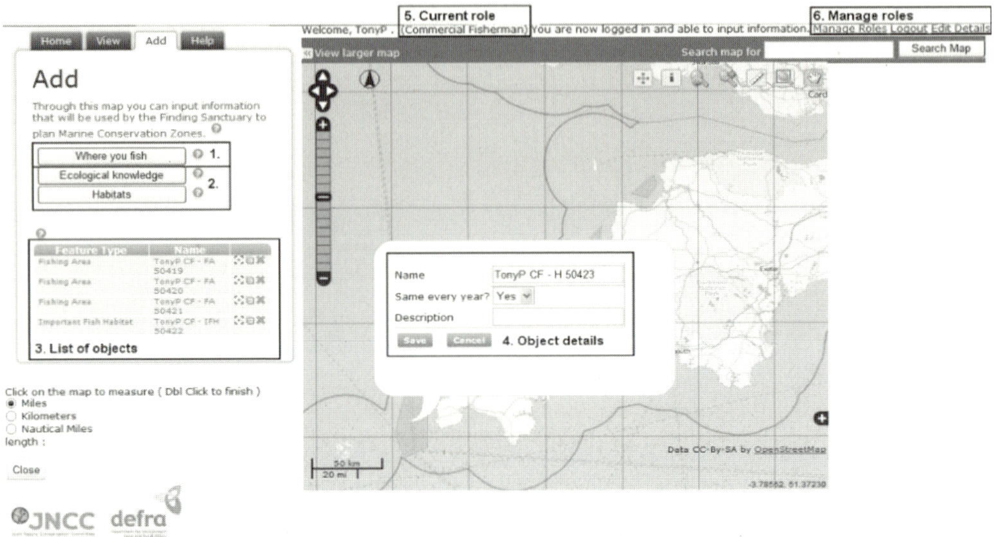

〈그림 Ⅳ-6〉 영국 산림위원회 정책개선 사례

(1) 영국의 정책성공요인 수렴

영국은 산림, 어업, 수질분야의 체계적인 관리, 개선방향, 기본정책을 선정하는 데 있어 시민들의 참여를 강화하였다. 초기에 지역별 데이터와 관리의 기본방향 등에 대한 정보를 시민들에게 공개하여 접근이 가능하도록 하였다. 산림, 어업, 수질분야의 정책을 형성하는 과정에서 이해당사자들은 인식지도(Mind-mapping)를 작성하면서 특정 정책의 성공을 위해 고려해야 할 다양한 요인이 무엇인지 구체적인 의견을 제시하고 정부는 이를 적극 반영함으로써, 정책 형성과 집행의 시행착오를 줄이고 있다.

(2) 프랑스의 결정사항 사전통지

프랑스에서는 행정기관에 대한 시정요청 등과 관련된 내부회의 결과를 최종

통지에 앞서 사전에 공개함으로써 사용자(국민)들과 기관 사이의 의사소통을 원활하게 하고 있다. 이때 정보를 요청한 당사자가 아닌 사람도 그 내용을 확인하고 정정을 요청하거나 추가 의견을 제시할 수 있도록 하고 있는 점이 특징이다. 또한 프랑스에서는 국민과 행정기관 간의 관계에 대한 일련의 내용을 통합적으로 관리하기 위한 새로운 법규가 제정되고 있다.

〈그림 Ⅳ-7〉 프랑스의 사례

(3) 프랑스의 국민의견 수렴

2013년 1월 무역부, 생산성재건부, 자영업상업및관광부, 중소기업혁신디지털경제부는 '프랑스(France)' 국가브랜드를 수립하기 위한 논의를 본격화하기 위해 싱크탱크를 구성하였다. 이 조직은 프랑스 경제의 큰 흐름을 스토리로 소개하고, 국가브랜드 수립 및 확산을 위한 제안을 담은 중간 보고서를 작성했는데, 보고서는 관광, 산업, 서비스, 연구, 디자인, 문화, 마케팅, 행정, 입법 등 관련 부문 50여 명으로 구성된 전문가단 자문결과를 반영하여 6월말 제출되었다. 이와 관련하여 정부 이니셔티브의 내용을 소개하고, 국민의 의견을 수렴하기 위해 사이트(http://www.marque.france.fr/)를 통해 코멘트 위주의 설문조사 응답을 유도하며 국민참여를 독려하고 있다.

〈그림 Ⅳ-8〉 미국 시민들의 규제안 참여

(4) 미국의 합리적 규제설계

미국은 준비 중인 모든(식품, 환경, 사업 등) 규제에 대해서 시민들이 열람하고, 규제내용에 대해 시민들이 개인적인 의견을 피력할 수 있도록 홈페이지(www.regulations.gov)를 운영하고 있다. 2003년부터 전자정부 활성화 일환으로 'eRulemaking Initiative'를 시행하고 있는데, 규제관련 검색어로 찾아 시민들이 직접적으로 규제내용의 미흡한 점에 대한 의견을 피력할 수 있게 함으로써 규제의 사각지대를 줄이고, 규제의 실효성을 강화하는 데 긍정적인 역할을 한다.

2) 국내 사례 검토와 추진방향

예컨대, 환경부의 경우 민간주도로 환경오염을 감시하고 수돗물 수질검사 등 구체적인 생활과 관련된 통계정보를 산출하여 제공함으로써 국민의 신뢰성을 확보하는 방안이 강구될 수 있고, 이를 개선하는 조치를 취하는 데에도 민간전문가와 집단지성을 활용할 수 있다. 또한 교육부의 경우 교육개혁과 사교육폐해를 줄이기 위한 학부모의 교육참여 활성화와 학부모의 평가가 반영되는 학교운영, 교육과정 구축, 교육방법 시행 등은 국민적 관심사항이자 국가경쟁력 제고를 위해 매우 중요한 핵심과제가 될 수 있다. 물론 단순히 학부모에게 자료를 제공하거나 공유하는 수준에 머무른다면 형식적인 참여가 될 가능성이 높다는 점을 유념해야 한다. 첫걸음은 학부모들이 원하는 정보를 쉽게 얻을 수 있도록 하는 것에서 시작하여 실질적인 참여가 될 수 있도록 학부모 간 공론의 장을 마련하고 공론에 의해 수렴된 개선내용을 반영할 수 있는 제도적 장치를 마련하는 것이 필요하다. 교육청 관할범위에 따라 교육감 주도로 공론의 장을 마련하는 것도 하나의 방안이 될 수 있다. 민관협치와 관련하여 매우 큰 의미가 있을 수 있는 것이 산업부가 계획하고 있는 제2차 에너지 기본계획에 대한 민간의 참여 확대이다. 최근 전력난과 관련하여 원전, 신재생 비중 등 중장기 에너지믹스 결정이 이루어져야 하는 상황에서 최종단계에서 공청회 위주로 국민의견을 수렴했던 이전 방식과는 달리 초안 작성단계부터 시민단체 등 모든 이해관계자들이 직접 참여함으로써 에너지 가치와 바람직한 활용방안에 대한 국민적 공감대를 확보할 수 있을 것이기 때문이다. 향후 민관협치를 활성화하기 위해 강조되어야 하는 점은 다음과 같다.

(1) 집단지성과 건전한 여론의 형성

민관협치를 강화하기 위해서 가장 중요한 점은 이해관계를 가진 국민 중심의 참여가 아닌 중립적이고 객관적인 국민의 여론이 실제 정책에 반영될 수 있는 장치를 제도화하는 것이다. 즉, 단순히 이해관계의 조정에 머무르지 말고 집단지성과 건전한 여론형성을 위해 정확한 사실(fact)에 기반을 둔 활발한 토론이 이루어질 수 있도록 해야 하는 것이다.

(2) 공직개방

두 번째는 공무원이 갖추고 있지 못한 분야에서 민간전문가와 국민 집단지성을 잘 활용하는 것이다. 공직개방을 확대하고 공무를 담당하는 자가 실제 일을 잘할 수 있도록 권한과 역할을 부여할 필요가 있다.

(3) 거버넌스 네트워크의 구축

마지막으로 특정 분야의 전문성을 지닌 전문가, 관련 이해관계자 대표, 그리고 합리적 판단으로 적절한 중재안을 제시할 수 있는 여론 주도층을 포괄하는 거버넌스 네트워크를 구축할 필요가 있다.

제2절 일 잘하는 유능한 정부

1. 정부 내 칸막이 해소 및 협업 · 소통 지원을 위한 정부운영시스템 개선

■ 선진국 사례

○ 프랑스정부는 IT기술을 활용하는 위원회 및 심의기관의 원격토의를 활성화시키고, 정부기관 및 지역사회보장기관들이 참여하는 위원회를 구성하여 공동대응책을 마련

○ 영국정부는 영유아에서부터 노인에 이르기까지 다양한 형태의 의료 및 돌봄서비스를 통합하기 위하여 자선단체와 협력체를 구성하고, G클라우드를 구축하여 공유성, 유연성, 투명성, 능률성을 향상

○ 미국정부는 관련 이해당사자들이 유기적으로 협력하여 학교에서 발생하는 문제를 종합적으로 대처할 수 있는 시스템을 구축하고, 마이크로소프트사(MS)의 '365 Office'를 통해 자료공유와 협업을 지원할 수 있는 클라우드 플랫폼을 도입

○ 일본정부도 부처 간 횡단면적으로 협력하는 전자정부를 추진하면서 클라우드 구축을 추진

■ 추진방향

○ 근본적으로는 컨트롤타워 또는 조정체계의 문제로 귀착됨

○ 작은 단위의 개별 DB를 만들지 못하게 금지해야 함

○ 적극적으로는 협력의 의무화, 소극적으로는 협력성과의 공유가 필요함

○ 큰 그림의 협력구조 내에서 개별적 책임범위의 명확화도 필요함

1) 선진국 사례

(1) 프랑스의 원격토의 활성화와 위원회 내실화

프랑스정부는 정부운영 개선을 위해 부처별 회람 개수 및 규모를 감소하고, IT기술을 활용하는 위원회 및 심의기관의 원격토의를 활성화하고 있다. 또한 프랑스 경제재무부산하 사기방지국은 도지사와 도검사장의 공동대표하에 정부기관(경찰, 헌병대, 도행정, 세무, 관세 및 고용기관) 및 지역사회보장기관들이 참여하는 위원회(CODAF)를 구성하여, 사기(부정행위) 현상에 대한 공동의 전반적 대책을 마련하고 있다. 이 위원회의 임무는 상호 기관에 대하여 파악하고, 공동의 대응책을 마련하며, 상호 교육을 실시하고, 경험을 공유하여 모든 유형의 사기행위에 대한 효율적 방지책을 마련하는 것이다. 위원회의 수치화된 활동결과(2010년)를 보면 다음과 같다.

–7천만 유로 규모의 세금 및 관세 탈세 적발
–7천5백5십만 유로 규모의 불법노동과 관련된 부당행위 적발
–2천5백5십만 유로 규모의 사회보장금 부당 수여 적발

(2) 프랑스정부의 정보센터의 합리적 관리

프랑스정부는 정보센터의 합리적 관리에 대한 의지를 확고히 하며, 2017년까지 서버 가상화(server virtualization) 50% 달성과 데이터센터의 수를 절반 수준으로 감소시킨다는 목표를 수립 및 공표하였다. 이와 관련하여 일부 행정기관들은 다음과 같은 내부서비스를 소개하며 이러한 노력이 이미 진행되고 있는 사례를 보여 주었다. 예컨대, 프랑스 국가헌병대는 프랑스 고용부에 대한 일반행정 및 서비스 현대화국의 computer rack 호스팅 30여 개를 맡고 있는데, 그 결과로 정보관리비용 감소 및 서버처리능력 향상이라는 직접적인 효과가 나타나고 있다. 그리고 법률 · 행정정보국(DILA)은 관련 부처를 대상으로 요청에 따른 가상머신

(virtual machine) 제공과 같은 IaaS와 PaaS 타입의 서비스, 보안소프트웨어 샌드박스(sand box) 타입의 사전 생산(pre-production) 환경 및 개발 플랫폼을 제공하는 프로젝트를 추진하고 있다. 2013년 10월부터 기본 형태로 활용할 수 있는 이 서비스는 2014년 3월에 포털이 개설되면 모든 부처가 자유롭게 접근할 수 있도록 하였다.

(3) 영국의 의료 및 돌봄서비스 통합

영국의 경우에는 영유아에서부터 노인에 이르기까지 다양한 형태의 의료 및 돌봄서비스를 통합하기 위하여 자선단체인 '국가의 목소리(National Voice)'와 협력체를 구성하였다. 또한 어린이 돌봄기관, 의료기관, 지방의료협회, 보건부(Department of Health) 등이 적극적으로 협력하여 다양한 의료복지서비스가 국민 개개인에 맞추어 제공될 수 있도록 통합시스템을 구축하였다. 이러한 조치들은 기존에 분절적(fragmented), 중복적(duplicated)이었던 보건, 의료, 돌봄서비스를 유기적으로 연결하는 노력이며, 그 과정에서 자선단체인 '국가의 목소리'가 중요한 역할을 하고 있는 점은 주목할 만한 사항이다. '국가의 목소리'는 실제로 개인 환자들의 의견을 수집하고, 의료기관 및 정부기관이 보다 효과적인 협력체계를 구성하도록 거버넌스의 조정자 역할을 하고 있기 때문이다.

〈그림 Ⅳ-9〉 영국 보건, 의료, 돌봄서비스 통합사례(Integrated Care and Support)

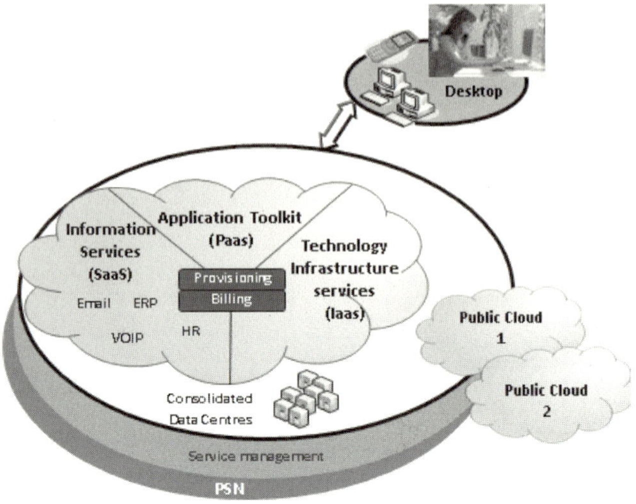

〈그림 Ⅳ-10〉 영국 정부의 클라우드 컴퓨팅 플랫폼: G클라우드(G-Cloud)

(4) 영국정부의 클라우드

영국정부의 G클라우드는 공공부문에서 정보통신부분의 공유성, 유연성, 투명성, 능률성을 향상하기 위해 보다 표준화된 정보자원을 마련하고 비용을 줄이는 데 목적을 두고 설계되었다. G클라우드는 단순한 디지털자료의 저장소가 아니라, 공공부문 전체가 이용가능한 컴퓨팅서비스를 제공하도록 설계되었다. 기존의 기관별로 운용되던 데이터베이스(DB)와 컴퓨팅기능을 하나로 통합하여 복잡성(complexity)과 비용을 낮추는 데 목적이 있다. 데이터의 생산, 가공, 활용은 공공기관에만 국한된 것이 아니라, 보안측면에서 인증을 받은 민간부문의 기업도 참여가 가능하도록 설계하였다.

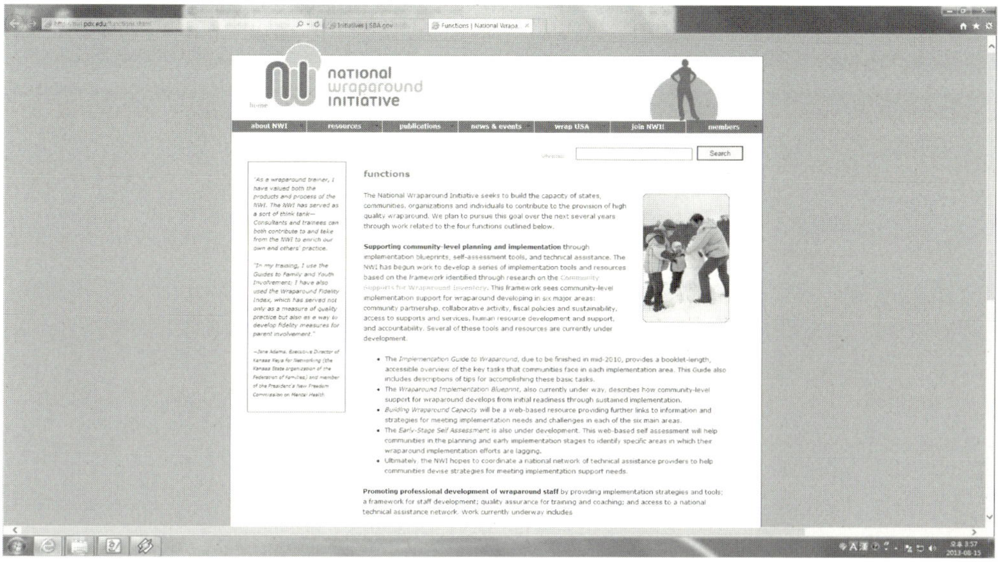

〈그림 Ⅳ-11〉 미국의 National Wraparound Initiative(NWI)

(5) 미국의 문제 중심 종합대응시스템

미국의 경우 학교폭력, 약물 오남용 등 교육분야에서 큰 문제점들이 오랜 기간 사회적으로 노출되었다. 정신건강 상담서비스, 폭력예방 상담서비스, 학교안전 서비스, 방과후 보충수업, 과외활동 등 초, 중, 고등학교 학생들에게 적절한 교육 환경을 제공하고, 이를 바탕으로 성공적인 교육 효과를 도출해야 하는 문제가 당면과제로 노출되었던 것이다. 이러한 문제상황에서 'National Wraparound Initiative'는 학생을 중심에 두고 관련 행정서비스 및 관련 이해당사자들이 유기적으로 학교에서 발생하는 문제를 종합적으로 대처할 수 있는 시스템을 구축함으로써 칸막이를 없애 '국민 눈높이' 행정을 구현하였다(http://nwi.pdx.edu/functions.shtml).

〈그림 Ⅳ-12〉 미국 중앙부처의 협업 클라우드(Cloud Collaboration Platform)

(6) 미국정부의 클라우드

2013년 2월 미국정부는 마이크로소프트사(MS)의 '365 Office'를 통해 자료공유와 협업을 지원할 수 있는 클라우드 플랫폼을 정부부처에 도입하였다(http://www. microsoft.com/government/en-us/products/Pages/office-365.aspx). 특히 미국정부는 그동안 부처 간, 정부 수준 간에 협업(collaboration)의 부족이 지속적으로 지적된 점에 대응하여 '연결된 정부(conneted government)'를 이 플랫폼에 마련하겠다는 것을 주요 목표로 제시하고 있다. 이번 플랫폼 마련 사업은 텍사스 주에서 우선적으로 시범 운영하고, 향후 미국 정부기관의 ICT 부문 전체에 확산하여 적용하는 것을 계획하고 있다. 플랫폼을 통해서 기관 간의 의사전달(예: email, confencing), 문서공유, 실시간 협업, 정부부처들의 주요 사업 및 정책의 계획(일정) 공유 등의 기능을 강화하는 것이다.

(7) 일본정부의 클라우드

일본 총무성도 전자정부 클라우드를 추진 중에 있다. 그동안 일본정부는 전자정부 구축을 위한 수년간의 노력에도 불구하고 충분한 성과를 거두지 못했다는 판단하에 부처 횡단적으로 전자정부를 목표로 클라우드를 추진하였다. 구체적으로 행정서비스의 가시화를 위해 국민에 대해 열린 '오픈 거버먼트' 추진, 낭비를 배제한 '행정 쇄신', 정부의 전자행정 클라우드 '가스미가세키 클라우드', 지방자치단체의 전자정부 클라우드 '지자체 클라우드' 등을 추진하였다. 특히 이 중 지방자치단체 클라우드 사업은 앞으로 전자 지방자치단체의 기반 구축에 클라우드 컴퓨팅을 활용하기 위한 파일럿 사업으로 일정기간의 운영성과를 파악하여 다양한 방법의 협력을 통해 다방면에 걸친 클라우드 지방정부를 구축할 예정이다.

2) 국내 사례 검토와 추진방향

정부 내 칸막이 해소를 위한 과제를 부처 중심으로 살펴보면, 예컨대 환경부의 경우 화학물질 · 제품 통합관리 및 포털시스템을 구축하는 과제가 큰 의미가 있는 것으로 판단된다. 화학물질 및 함유제품은 6개 부처(환경부: 화학물질정보시스템, 고용부: 안전보건정보서비스, 식약처: 독성정보제공시스템, 소방청: 국가위험물정보시스템, 산업부: 제품안전성정보포털, 농진청: 농약관리시스템)가 관련되어 있는 바 전자정부서비스지원사업(안행부)을 활용하여 부처별 화학물질 · 제품 정보시스템을 체계적으로 통합하고, 나아가 맞춤형으로 대국민 정보를 제공할 수 있을 것으로 판단되기 때문이다. 특히 독성물질에 대한 정보연계 및 실시간 대응체계 구축은 국가적 위험관리 차원에서 중요한 의미가 있다. 향후 부처 간 칸막이 해소 및 협력적 운용을 위한 지원과 관련하여 강조되어야 할 점은 다음과 같다.

(1) 컨트롤타워 또는 조정체계의 확립

부처 간 칸막이를 해소하기 위해서는 전산시스템의 통합으로만 접근해서는 안 된다. 예컨대, 시스템이 잘 구축되었다고 하더라도 상위수준에서의 컨트롤 또는 조정체계가 정립되어 있지 않으면 정부 내 칸막이를 극복할 수 없다.

(2) 작은 단위의 개별 DB를 만들지 못하게 금지

많은 경우 부처, 부서, 산하기관별로 소관업무에 따라 DB를 구축한 후, 활용의 한계 등 연계필요성에 의해 시스템 통합을 추진한다. 따라서 처음 구축과정에서부터 본래 DB가 포함해야 할 적정한 정보범위를 포괄하는 DB를 구축할 필요가 있다.

(3) 협력의 의무화와 협력성과의 공유

칸막이를 제거하라는 협력의 강조만으로는 개별임무를 부여받은 각 부처와 부서 간 협력을 담보하기 어렵다. 자칫 협력자체가 목적화되면서 국민행복을 위한 공공문제 해결이라는 최상의 정책목표를 상실할 우려도 있다. 그러므로 협력을 통해 이루어지는 성과에 대해서, 협력주체 간 적정한 공유를 가능하게 하는 평가지표의 개선이 필요하다.

(4) 개별적 책임범위의 명확화

협력을 추진하면서 담당자 간 관련정보를 구조적으로 공유할 수 있는 DB통합도 필요하지만, 특히 큰 그림의 협력구조 내에 세부적으로 각 부처(부서) 미션에 근거한 개별 책임범위의 명확화가 전제되어야 한다. 모두의 일은 나의 일이 아니기 때문에 필연적으로 무임승차와 공유지의 비극현상이 발생하기 때문이다.

2. 빅데이터를 활용한 과학적 행정 구현

■ 선진국 사례

○ 미국의 환경부는 자료관리분석시각화(Data Management, Analysis and Visualization)를 위해 슈퍼컴퓨터의 자료처리연산을 활용

○ 일본정부는 분야를 초월한 빅데이터 활용을 통해 혁신적인 정보기술과 수학적 기법의 창출 · 고도화 · 체계화에 주력

■ 추진방향

○ 구조화된 정보와 함께 비구조화된 정보에 주목해야 함

○ 빅데이터 분석을 통해 예상위험과 새로운 기회요인을 예측하고 시나리오 대응을 준비해야 함

○ 빅데이터 분석정보는 인력, 예산 등 자원의 재분배에 타당한 근거를 제시해 줄 수 있으며 정책전환의 근거로도 활용될 수 있음

○ 기본적으로 개연성 있는 미래전망, 정확한 상황인식, 국민 맞춤형 서비스 구현에 도움이 되도록 활용방안을 강구해야 함

1) 선진국 사례

(1) 미국의 환경자료 시각화

미국의 환경부는 보다 과학적으로 환경자료를 수집하고, 그 자료들을 체계적으로 연산하여 정책을 마련하기 위해 노력하고 있다. 다양한 사용자(연구소 및 관련기관)들에게 시각적으로 이해하기 쉽게 데이터를 제공할 수 있도록 관리체계 개선을 추진하고 있다. 이를 위해 2천5백만 달러(한화로 약 280억)를 투자하여 자료관리분석시각화(Data Management, Analysis and Visualization)를 관련 국립연구소에 위탁하여 운용하고 있다. 이러한 자료는 차후에 슈퍼컴퓨터의 자료처리연산을 활용하여 보다 체계적인 정책을 만드는 데 이바지할 것으로 기대된다.

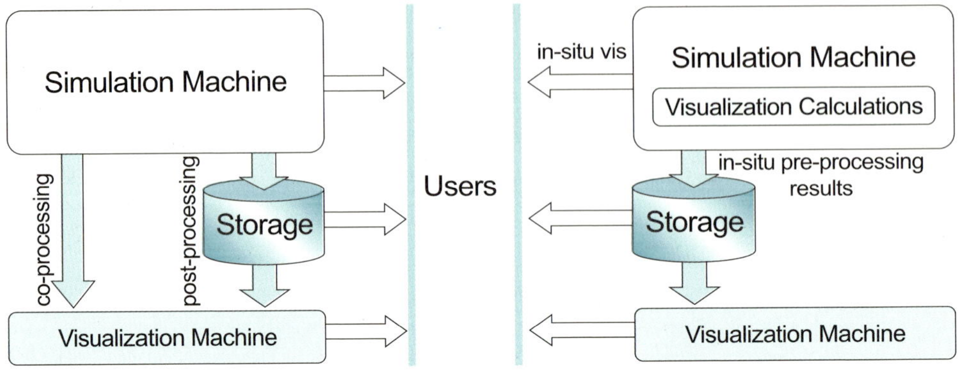

〈그림Ⅳ-13〉 미국 환경부(Department of Energy)의 데이터 수집 및 분석

(2) 일본의 공통기반기술 구축노력

일본의 경우 분야를 초월한 빅데이터 활용으로 새로운 지식과 통찰력을 얻기 위해 혁신적인 정보기술과 그들을 지원하는 수학적 기법의 창출 · 고도화 · 체계화에 힘을 쏟고 있다. 정보과학 · 수학 및 과학 분야에서의 빅데이터의 활용으로 사회적으로 의미 있는 다양한 협동연구를 진행하고 있으며, 응용프로그램 분야에서의 과제 해결을 위한 빅데이터 활용을 확대하고 있다. 또한 차세대 애플리케이션 기술을 창출하고 고도화하는 동시에 다양한 분야의 빅데이터를 통합 분석할 수 있도록 공통기반기술의 구축을 추진 중이다.

〈표 Ⅳ-4〉 일본의 빅데이터 활용을 통한 주요 목표

-각 응용프로그램 분야에서 빅데이터의 활용을 추진하면서 다양한 분야로 확장하는 것을 상정한 차세대 응용프로그램 기반기술의 창출 · 고도화 -빅데이터 통합분석을 위한 차세대 기반기술의 창출 · 고도화 · 체계화

2) 국내 사례 검토와 추진방향

공간정보와 관련된 빅데이터 추진을 통해 정책품질 제고 및 국가미래전략 수립 등이 가능하다고 판단된다. 예를 들면, 국토부가 계획하고 있는 공간 빅데이터 플랫폼의 구축은 융합DB 공간정보, 행정정보, 민간정보 등 다양한 정보를 쉽게 활용할 수 있도록 지원해 줄 수 있기 때문이다. 플랫폼에는 공간정보로서 연속지적도, 수치지도, 항공사진, 3D 영상 등이, 행정정보로서 인구, 소득, 고용현황, 임대주택 공급현황 등이, 마지막으로 민간정보로서 포털, SNS 등에서 실시간으로 생성되는 각종 정보가 탑재될 수 있다. 이때 기반시설 입지분석, 교통량 분석 등을 위한 3차원 데이터와 시계열 데이터가 생성될 수 있는데, 예컨대 부동산 임차시장 수요패턴 분석 등은 부동산 관련정책 외에도 교통, 안전, 복지 등 다양한 행정분야에도 응용될 수 있다. 기본적으로 정부는 공간 빅데이터 플랫폼을 구축하고 민간이 이를 활용하여 다양한 사업기회를 창출하는 것이 바람직하지만, 사업 또는 서비스의 내용이 공공적일 경우 부처수준에서 제공할 수도 있다.

교육부 차원에서는 17개 시도교육청에 분산된 데이터의 통합 수집과 체계적 결합을 통해 빅데이터를 수집하고 수집된 데이터로부터 가치 있는 정보를 얻어내기 위한 다양한 분석·예측체제를 마련할 수 있다. 구축된 빅데이터는 공공 및 민간에서 각각 또는 공동으로 활용가능하며 분석된 정보는 다시 모바일 서비스를 통해 국민 개개인이 필요한 정보로 활용될 수 있다. 향후 빅데이터를 통한 과학적 행정과 관련하여 강조되어야 할 점은 다음과 같다.

(1) 비구조화된 정보에 주목

빅데이터를 활용한 과학적 행정을 구현하기 위해서는 기존의 구조화된 정보와 함께 패턴화될 수 있는 비구조화된 정보에 깊은 관심을 기울일 필요가 있다. 비구조화된 정보가 구조화됨으로써 새로운 가치가 창출될 수 있으며, 보다 정확한 현상파악이 가능해지기 때문이다.

(2) 시나리오 대응능력의 함양

빅데이터 분석을 통해 얻을 수 있는 커다란 편익 중 하나는 증후분석으로 위험관리(risk management)가 가능해진다는 점이다. 따라서 다양한 예후지표를 개발하고 예상위험수준을 분석하여 단계별로 대응하는 시나리오를 구상할 수 있어야 한다.

(3) 빅데이터 분석결과의 활용

빅데이터 분석에 의해 산출된 정보는 부처나 부서의 인력, 예산 등 자원의 분배 및 재분배에 타당한 근거를 제시해 줄 수 있으며, 무엇보다 정책전환의 근거로 활용될 수 있다. 나아가서 정확한 상황과 요구에 대한 인식을 토대로 국민맞춤형 행정서비스 구현에 도움이 될 수 있으므로 다양한 활용방안을 강구해야 한다.

제3절 국민 중심의 서비스 정부

1. 수요자 맞춤형 서비스 통합 제공

■ 선진국 사례

- ㅇ영국의 국립자연환경연구위원회는 스마트폰의 애플리케이션을 통해서 농민들에게 토양특성에 맞는 농작물을 추천
- ㅇ프랑스에서는 국내 직업훈련교육을 모두 통합하는 정보시스템 플랫폼, 입찰공고 통합 제공과 더불어, 각종 행정절차를 온라인으로 진행할 수 있는 통합사이트를 운영
- ㅇ일본은 특히 헬스케어서비스 분야에서 국민의 요구에 따른 구체적인 서비스를 제공하고자 노력

■ 추진방향

- ㅇ통합전산시스템의 구축보다 이미 보유하고 있는 시스템을 연계-통합함으로써 적은 비용으로 빠른 시일 내에 서비스 통합을 가능하게 해야 함
- ㅇ안행부 주민정보, 국토부의 공간정보, 복지부의 복지서비스 그리고 국세청의 납세정보 등 국민생활관련 주요 부처 간 관련 DB의 연계통합이 잘 이루어진다면 국가 차원에서 다양한 수요 맞춤형 행정서비스를 효과적으로 제공할 수 있을 것임

1) 선진국 사례

(1) 영국의 토양에 적합한 농작물정보 제공

영국의 사례로 '나의 토양'은 국립자연환경연구위원회의 스마트폰 애플리케이션이다. 영국은 이 애플리케이션을 통해 관련 종사자들에게 맞춤형 정보와 조언을 제공하고 있다. 특히 개인별로 자신이 경작 중인 지역의 토양 특성에 맞는 농작물을 효과적으로 재배하기 위한 조언을 구할 수 있다. 예컨대, 개인들이 자신의 지역정보와 토양의 사진을 업로드하면, 이러한 정보를 바탕으로 연구소에 저장된 지리적, 토양적으로 경작에 유리한 식물들에 대한 데이터를 분석하여 조언을 제공한다. 이 서비스는 2012년에 시작되었고, 현재 1만 2천여 명의 가입자가 총 2천6백 회에 걸쳐 '나의 토양'에서 제공하는 서비스를 이용하고 있다. 나아가 현재 500여 명 이상의 전문가 및 지역 농부들이 참여하여 기존 데이터베이스(database)의 진화적 발전에 기여하고 있다. 즉, 최신정보의 등록, 토양에 대한 개인적 지식 및 노하우 등이 추가적으로 활용되고 있는 것이다.

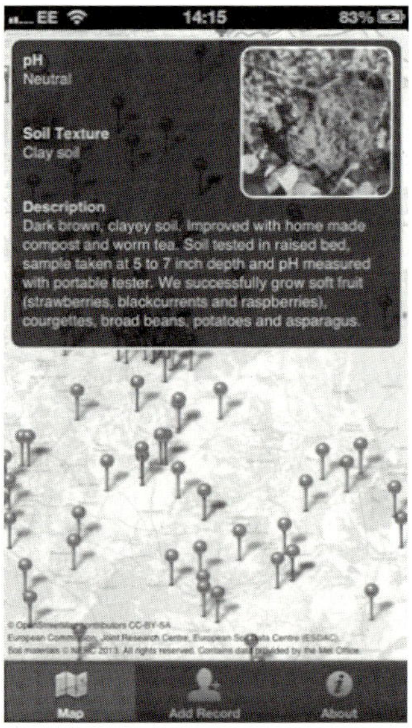

〈그림 Ⅳ-14〉 스마트폰 애플리케이션, '나의 토양(mySoil App)'

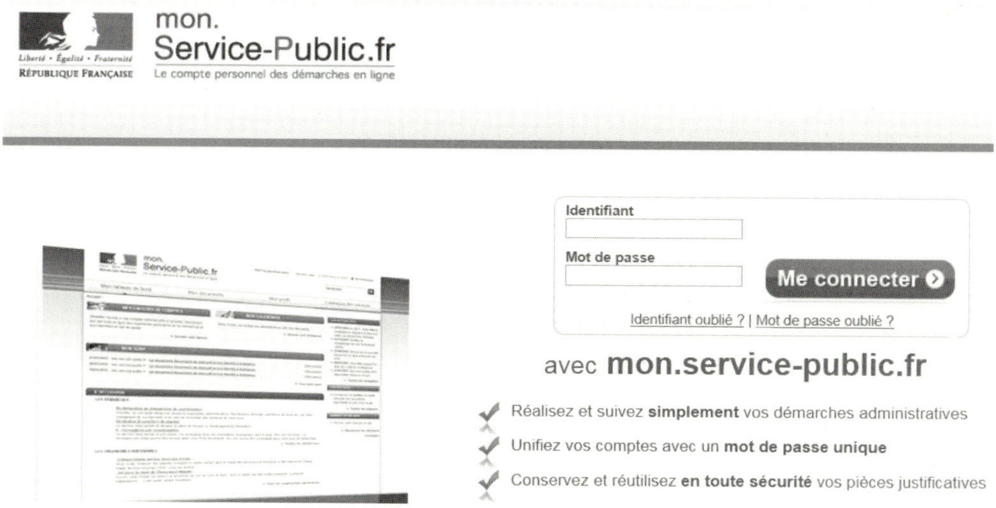

〈그림 Ⅳ-15〉 프랑스의 수요자 맞춤형 서비스 통합 제공

(2) 프랑스의 통합정보시스템

프랑스에서는 수요자 맞춤형 서비스 통합 제공을 위해 다음과 같이 노력하고 있다. 첫째, 행정기관에 대해 의문점이 있을 경우 이메일 등을 통해 온라인 문의를 할 수 있는 권리와 동시에 성실한 응답을 받을 수 있는 권리가 있음을 알리고 있다. 둘째, 민간 및 공공 지원을 통해 제공되는 국내 직업훈련교육을 모두 통합하는 정보시스템 플랫폼(DOKELIO 프로젝트)을 제공하고 있다. 셋째, 정부기관 입찰관련 공고를 통합 제공하고 있다. 넷째, 각종 행정관련 절차를 온라인으로 진행할 수 있는 통합사이트[5]를 운영하고 있다.

5) 개인은 아이디와 비밀번호 입력을 통해 출생, 혼인, 사망 등 프랑스 내에서 발생한 개인의 상태 변경에 대한 반영 요청을 진행하거나, 주소 및 전화번호 등의 정보 변경사항을 업데이트 함으로써 주요 정부기관에 일시에 전달될 수 있도록 할 수 있으며, 개인소유의 자동차 양도신고, 분실물신고 등 각종 행정처리를 하나의 사이트에서 진행할 수 있게 하였다.

〈그림 Ⅳ-16〉 GE의 수요자 중심의 맞춤형 서비스

(3) 미국 GE의 통합서비스체계

미국의 GE는 산업용 가스터빈의 수요자 중심 서비스를 제공하기 위해 통합서비스 체계를 마련하여 운영하고 있다. 서비스계약을 체결하여 특정 기업에게 필요한 다양한 기술적 지식과 원거리 감독 및 진단, 부품의 수리 등을 하나의 서비스로 연계하여 고객들에게 제공함으로써 분절화된 서비스를 하나의 시스템으로 유기적으로 제공하고 있는 것이다.[6]

(4) 일본의 헬스케어서비스

일본의 경우 헬스케어서비스 분야에서 국민요구의 다양화에 따라 서비스 공

6) http://www.ge-energy.com/products_and_services/services/gas_turbine_services_aeroderivative/aero_contractual_service_agreements.jsp.

급자는 개인 수준과 조직 수준에서 모두 수요자 개성을 파악하여 구체적인 서비스를 제공하고자 노력하고 있다. 수요자의 다양성에 대응한 서비스를 제공하기 위해 행정통계 및 진료보수 청구 또는 임상시험을 비롯한 개별 의료기술 평가를 위해 수집된 단편적 정보에서 얻은 지식만으로는 충분하다고 말할 수 없기 때문이다. 개개인의 건강상태에서 질병상태, 또한 회복된 상태까지의 정보를 지속적으로 파악할 필요가 있다는 것이다. 이러한 노력의 대표적인 예로 히타치그룹은 헬스케어 분야에서 인간을 중심으로 한 새로운 헬스케어 인포매틱스의 개념을 제창하고 2000년부터 셀프케어서비스를 시행하고 있다. 히타치그룹은 질병영역의 진료정보와 게놈정보를 통합한 데이터베이스 연구개발을 수행하였다. 의료분야에서 IT에 기대하는 역할은 개인정보를 개별 임상장면에 어떻게 실시간으로 지원할 것인가와 관련되어 있다. 이러한 점에서 히타치그룹의 헬스케어서비스는 의료지식과 IT의 통합적 활용을 통해서 새로운 서비스를 제공하는 것으로 주목받고 있다.

〈표 Ⅳ-5〉 히타치그룹의 헬스케어 인포매틱스의 구체적인 내용

(1) 개개인의 건강에 대한 요구에 대응한 정보관리 지원
  -고객이 자유롭게 항목을 선택하고 설정할 수 있는 점을 특징으로 한다. 전통적인 건강분야에서의 정보수집 개념을 타파하고 개개인의 요구에 맞게 자유롭게 항목을 설정하며 항목의 내용 자체도 설정할 수 있는 기능을 가지고 있다.

(2) 입력 지원 서비스
  -개인이 지정된 시간에 정보를 입력할 수 있도록 요청하는 메시지를 전송한다. 예를 들면, 수면시간을 매일 입력하는 설정을 한 서비스 수요자가 출근길에 직접 시간을 기재한 메일을 보내면 데이터가 등록된다.

(3) 개개인의 시계열데이터를 이용한 데이터마이닝 결과 제공
  -데이터마이닝 기술을 사용하여 관련성을 추출하고 개개인에게 정보를 제공한다.

2) 국내 사례 검토와 추진방향

국토부에서 계획하고 있는 추진 사례 중 특별히 의미가 있다고 판단되는 것은 전국적으로 교통카드를 호환할 수 있도록 단말기 및 정산시스템을 보완하고 일

정한 테스트를 거친 후 전국호환 선불교통카드를 출시한다는 것이다. 광역자치단체, 철도공사 및 도로공사와 협력하고 현재 보유하고 있는 시스템을 연계-통합하면 적은 비용으로 빠른 시일 내에 전국적인 서비스호환이 가능할 것이라고 판단된다. 대중교통을 활용하는 국민의 편익을 크게 증진시킬 수 있는 사례라고 평가된다.

또한 산업부 추진계획 중 중소기업에 대한 DB통합도 현재 국세청, 중소기업청, 산업부 간 창업기업에 대한 현황을 공유하고 있지 않아 효과적인 중소기업 창업에 대한 연계통합 지원이 효과적이지 못한 현실에 비추어 큰 의미가 있다. 만약 부처 간 관련 DB의 연계통합이 잘 이루어지면 창업 중소기업에 대한 전력부담금 면제 등 각종 행정지원서비스를 효과적으로 제공할 수 있을 것이다. 향후 수요자 맞춤형 통합서비스 제공과 관련하여 강조되어야 할 점은 다음과 같다.

(1) 기 보유 시스템의 적극 활용

시간과 비용이 많이 투입되어야 하는 새로운 통합전산시스템의 구축보다 이미 보유하고 있는 시스템을 잘 연계-통합함으로써 적은 비용으로 빠른 시일 내에 서비스 통합이 가능해지도록 해야 한다.

(2) 주요 부처 DB의 우선적 통합

안행부 주민정보, 국토부의 공간정보, 복지부의 복지서비스 그리고 국세청의 납세정보 등 국민생활관련 주요 부처 간 관련 DB의 연계통합이 잘 이루어진다면 국가 차원에서 다양한 수요 맞춤형 행정서비스를 효과적으로 제공할 수 있을 것이다.

2. 창업 및 기업활동 원스톱 지원 강화

■ 선진국 사례

○ 프랑스의 경우 창업 및 기업에 대한 원스톱 지원 강화를 위해 원격서비스 제공, 온라인상의 정보 간소화 및 획일화 서비스를 제공

○ 영국은 센터와 사업도우미를 설치하여 창업하는 중소기업에 통합서비스를 제공

○ 미국은 중소기업 창업을 지원하면서 금융, 계약, 상담 등 다양한 행정지원을 통합적으로 지원할 수 있는 창구를 운영

○ 일본의 도쿄상공회의소는 독립적으로 창업을 지원

■ 추진방향

○ 창업 및 기업지원에서 원스톱 지원을 위해 기구와 기능의 통합(통합서비스)

○ 창업 및 기업활동에 대한 장애요인 제거

○ 분야별 총괄부처(부서) 설정 및 유기적 협력체계 형성

1) 선진국 사례

(1) 프랑스의 원격지원서비스

프랑스의 경우 창업 및 기업활동 원스톱 지원 강화를 위해 다음과 같이 노력하고 있다. 첫째, 정부의 재정지원서비스를 통합하여 명시한 목록 정의, 둘째, 단순한 통관절차의 신속한 처리를 위한 원격서비스(SOPRANO) 제공, 셋째, 온라인상의 법적 · 행정적 정보 간소화, 넷째, 각종 정보 및 서식에의 접근성 제고 및 원격서비스 제공, 다섯째, 정부기관의 요구정보 중복 방지, 여섯째, 산업재산권(상표, 특허 등) 등록 및 발급절차의 간소화 등이다.

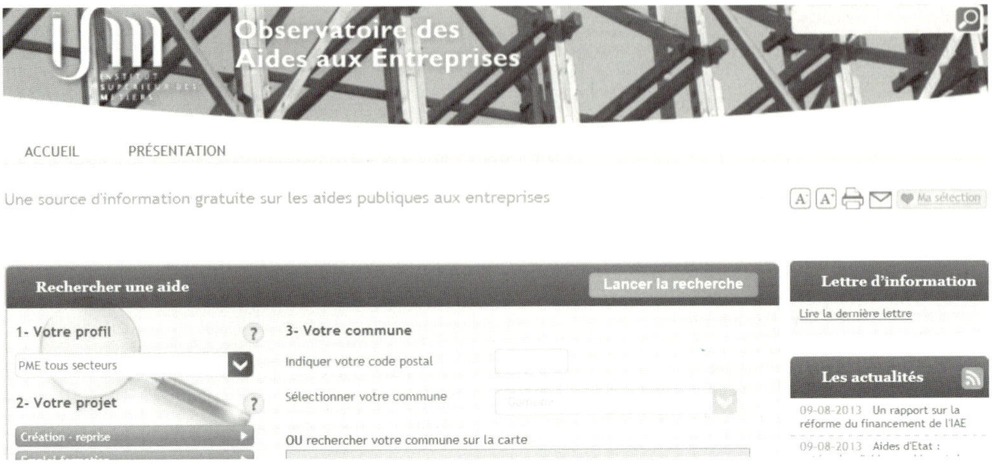

〈그림 Ⅳ-17〉 프랑스 창업 및 기업활동 원스톱 지원 강화

(2) 영국의 창업지원 통합서비스

영국은 웨일즈사업센터(Wale Business Center)와 웨일즈사업도움(Wales Business Helpline)을 설치하여 웨일즈 지방에서 창업하는 중소기업들에게 통합서비스를 제공하고 있다(http://business.wales.gov.uk/). 이 웹사이트는 창업을 하기 전에 고려해야 할 점, 창업 아이디어, 정부지원 내용(예: 지원자금) 등을 통합하여 제공하고 있으며, 특히 전화, 인터넷 상담뿐만 아니라, 원스톱 샵(one stop shops)을 위한 사무소를 설치하여 창업을 원하는 개인이나 투자자들에게 필요한 정보와 다양한 기관의 정부지원을 제공하고 있다. 다른 한편, 기업을 대상으로 공공지원서비스에 관한 정보를 무료로 제공하고 있다. 이 사이트는 정부 및 지자체, 국가기관 등에서 마련하고 있는 기업에 대한 재정적, 행정적 지원서비스를 통합하여 제공하는데, 기업형태(중소기업, 자영업, 산업 분류) 및 프로젝트 유형(창업, 고용/교육, 세금혜택/재무관리, 혁신, 사업개발 및 전략, 친환경개발, 부동산투자, 기업양도) 선택과 주소 입력 등을 통해 구체적인 지원서비스에 대한 정보를 확인할 수 있다.

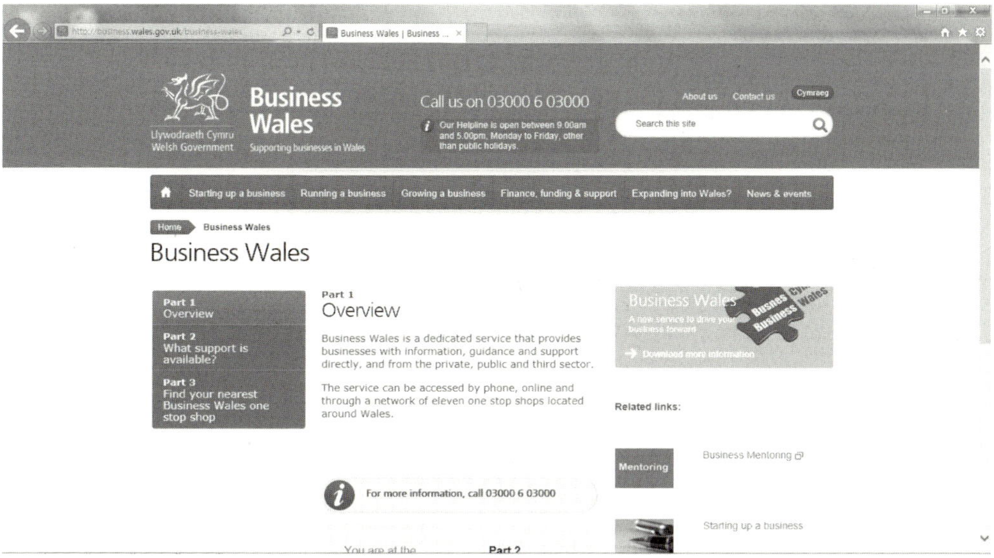

〈그림 Ⅳ-18〉 영국 웨일즈 정부의 창업센터

(3) 미국의 중소기업지원 프로그램

미국은 오랜 기간 중소기업의 창업을 지원해 오면서 금융측면, 계약측면, 사업상담, 그 밖의 다양한 행정지원을 통합적으로 지원할 수 있는 창구를 운영하고 있다. 지역별로 직접 만나서 상담할 수 있는 사무소를 많이 마련하여 지역적 특색을 고려한 창업을 지원하고 있는 점이 특징이라고 할 수 있다. 최근 창업한 기업들이 경쟁력을 갖출 수 있도록 지속적인 지원을 강화하는 정책프로그램들을 도입하여 운용하고 있는 점도 주목할 만하다.

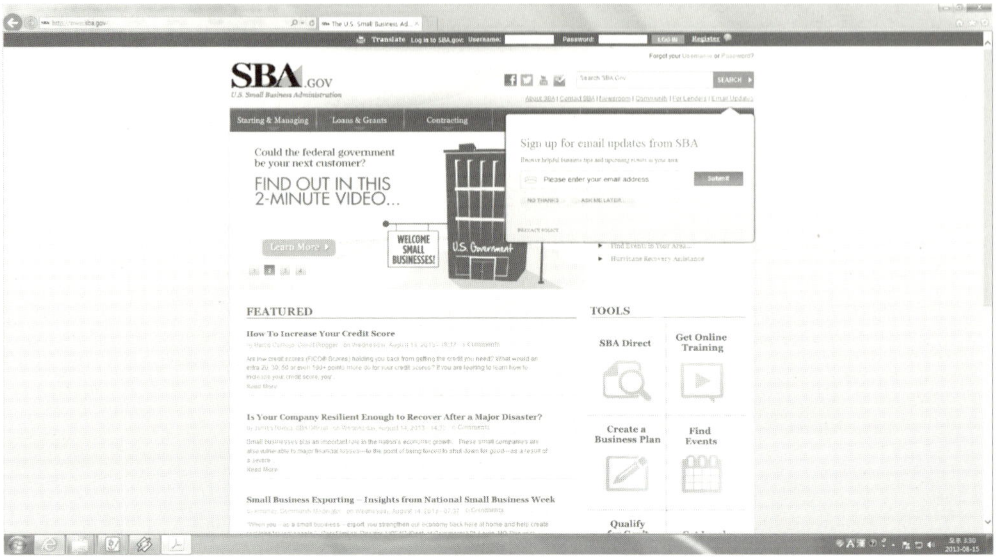

〈그림 Ⅳ-19〉 소기업행정처(Small Business Administration)

(4) 일본 상공회의소의 창업지원

일본의 도쿄상공회의소는 독립적으로 창업기업을 지향하는 사람을 지원하고 있다. 창업기업을 위한 절차를 모르거나, 사용할 수 있는 공적 융자제도에 대한 정보를 찾는 고객을 대상으로 다양한 문제를 상담하고 있다. 즉, 업종 · 업태 선택에서 사업계획 · 사업계획서 작성, 자금 조달, 회사 설립을 위한 절차 등 다양한 준비사항을 중소기업상담센터 내에 창구를 마련하여 무료로 상담하고 있다. 또한 창업에 필요한 지식을 체계적으로 배울 수 있는 '창업 · 기업세미나' '창업세미나' '창업학원' '창업자 교류회' 등의 다양한 서비스를 개최하고 있으며, '창업지원 대출보증제도' 등 다양한 지원서비스를 제공한다.

2) 국내 사례 검토와 추진방향

환경부의 환경산업 해외수출도우미 시스템을 활성화하고자 하는 계획의 경우, 해외진출 환경기업에 다양한 환경정보 및 무역거래기법 등의 맞춤형 정보제공을 통한 '환경수출도우미' 역할수행을 기대할 수 있다는 차원에서 의미가 크다고 판단된다. 특히 해외환경정보망 통합 및 정보개방, 해외환경통합정보망(eishub.or.kr)과 무역환경정보네트워크(ten-info.com)를 연계하고, 해외환경정보 수요조사 및 CRM(Customer Relation Management)을 구축 · 운영하고자 하는 것도 고객맞춤형의 지향이라는 측면에서 긍정적으로 평가받을 수 있을 것이다.

또한 수출희망 환경산업체 대상으로 정보 수요조사를 통해 수출연계형 DB구축 전략수립 및 상시 고객수요 접수채널을 확대하고, 사이트 방문자의 검색어, 연령, 체류시간, 유출입사이트 등 방문자 정보를 정리 분석하여 지수화를 통해 환경산업체별 정보를 제공하는 한편, 선진국의 개방 Data-Map 확보 및 기 구축 해외환경정보 활용을 통해 해외환경시장 진출을 위한 수출연계형 정보를 제공하고 글로벌 무역 B2B 온 · 오프라인 무역거래 지원체계의 구축 필요성도 인정된다. 이러한 노력은 '국내 · 외 유수의 B2B 마켓 내 온라인 광고, 거래제의서 발송 및 인콰이어리 필터링 서비스를 통한 무역거래 알선, 수출관련정보 취득 및 애로사항 해결지원 등과 함께 국내기업의 수출역량 강화에도 기여할 수 있을 것이다.

한편, 국토부가 계획하고 있는 기업활동 지원과제로서 인허가 절차 개선 및 인허가 통합정보서비스 제공서비스도 주목된다. 현재 개발 사업별로 제각기 다른 인허가 절차가 진행되고 있는 현실을 개선하기 위해 각종 사업과 개발행위를 분류하여 유형 · 규모별로 부서와 절차를 표준화하고 서류 접수부터 각종 협의 조정까지 인허가 주관부서에서 일괄 추진하며, 기능이 유사한 절차는 가능한 한 통합하는 것은 의미가 있기 때문이다. 특히 운영 접수부터 협의 조정까지의 절차를 일괄 운영하고, 통합 가능 절차는 일괄 심의하거나 동시 진행할 수 있도록 인허가 창구를 일원화하고 전산 처리 등을 위한 시스템을 구축하여 서류 제출, 진행상황 확인 등이 가능하게 하는 것은 민원인의 행정기관 방문을 최소화하는 조치로 평가될 수 있기 때문이다.

교육부가 추진하고 있는 사례로서 대학의 창업교육 프로그램 마련 및 창업문화를 활성화하기 위한 창업교육센터를 확대하고 창업교육 프로그램 등을 개발하겠다는 것도 의미 있다고 판단된다. 창업교육 전문가 연수, 지역단위 창업문화 로드쇼, 창업멘토링(디딤돌), 창업EXPO 등으로 대학의 창업교육 및 창업문화를 활성화하여 창업분위기 조성 및 창업 붐을 선도할 것으로 기대되기 때문이다. 다만, 로드쇼나 EXPO의 실상을 고려할 때 실효성이 더 높은 방안에 집중하는 것도 고려해 볼 여지는 있다고 본다.

다른 한편, 산업부 업무와 관련하여 지역에 대한 투자자를 대상으로 분양가격, 면적, 입주가능지역 등 정보를 담은 앱 서비스(AnyOne)를 제공함으로써 지방에 대한 투자 활성화 및 지역 균형발전에 기여하고자 하는 노력은 매우 의미 있는 계획이라고 판단된다. 향후 창업 및 기업활동 원스톱 지원 강화와 관련하여 강조되어야 할 점은 다음과 같다.

(1) 원스톱 지원을 위한 기구와 기능의 통합고려

원스톱 지원의 실현은 단순한 연계협력으로 불가능한 경우가 많다. 원스톱으로 통합서비스가 제공되기 위해서는 기관과 기능의 통합이 효과적이며 프로세스에서는 기획에서부터 인적 · 물적 자원의 동원 및 배분, 그리고 실제 서비스의 전달체계 및 평가체계가 맞물려 돌아가야 한다. 지방자치단체에 인허가과를 신설하여 창구를 단일로 개설하는 것도 하나의 조치이긴 하나 실질적인 인허가 심사는, 예컨대 건축과 등에서 시행하므로 분야별로 전체적인 프로세스를 재설계(BPR)하는 것이 중요하다.

(2) 창업 및 기업활동에 대한 장애요인 제거

창업 및 기업활동을 활발하게 하기 위해서 멘토, 적절한 자금지원 등 필요한 것도 많지만 없어야 할 것도 많다. 특히 복잡하고 오래 걸리는 인허가, 중첩적인 경제규제 등을 개혁해야 한다. 인 · 허가뿐만 아니라 각종 산업재산권(상표, 특허 등) 등록 및 발급절차도 간소화해야 하며 각종 인증제도도 효율화해야 한다. 전반적으로 일본의 상공회의소 사례에서처럼 민간과의 협력 차원을 높여 가야 하며, 특히 경제규제 개혁은 민간의 적극적 참여를 통해 추진하는 것이 바람직하다.

(3) 분야별 총괄부처(부서) 설정 및 유기적 협력체계 형성

또 하나 유념할 사항은 기업활동 또는 산업진흥과 관련하여 여러 부처가 관여될 경우, 자기 부처로의 창구단일화를 주장하며 다툼이 일어날 가능성이 있다는 점이다. 따라서 분야별로 주무부처(주무부서)를 명확히 하고 그 부처(부서)에 총괄기능을 넘겨주되, 협조하는 관련 부처와 성과를 공유하는 협력관계를 형성해야 한다. 이때 총괄기능을 수행하는 부처(부서)는 또한 책임의 주체로 명확히 자리매김 되어야 한다.

3. 정보 취약계층의 서비스 접근성 제고

■ 선진국 사례

- ㅇ 프랑스는 장애인시설 이용자의 민원처리과정을 온라인으로 확인할 수 있도록 하고, 임대주택 요청 등 각종 지원서식을 간소화함
- ㅇ 영국은 다양한 정보화 기기(ICTs) 사용이 특정 계층(예: 노인)에게 주는 어려움을 줄이기 위해서 자선단체들과의 협력체를 구성하여 교육프로그램을 운영
- ㅇ 미국은 정보 취약계층의 문제를 정보격차(digital divide)의 문제로 대응

■ 추진방향

- ㅇ 복지, 노동 등과 함께 통합서비스 관점에서 접근
- ㅇ 의도하지 않았던 비용부담의 귀착문제를 고려
- ㅇ 취약계층의 세대 간, 공간적 분포를 고려하여 정책을 입체화함
- ㅇ 지방자치단체의 전달체계를 고려

1) 선진국 사례

(1) 프랑스의 간소화된 요청절차

프랑스는 정보 취약계층의 서비스 접근성 제고를 위해 다음과 같이 노력하고 있다. 첫째, 장애인시설 이용자의 민원처리 진행과정을 온라인으로 신속하게 확인할 수 있도록 하였다. 둘째, 인터넷을 활용하는 임대주택 요청절차를 대폭 간소화하였다. 셋째, 각종 지원요청서 서식을 규격화하고 간소화하였다.

〈그림 Ⅳ-20〉 영국의 Digital Inclusion Network

(2) 영국의 자선단체 협력모델

영국정부는 인터넷을 포함한 다양한 정보화 기기(ICTs) 사용이 특정 계층(예: 노인)에게 큰 장애물로 작용하고 있다는 취지에서(예: 정보격차) 200여 개 자선단체들과 협력체를 구성하였다. 노인을 대상으로 교육프로그램을 운영하여 본인이 필요한 정보, 서비스 등을 직접 찾아서 활용할 수 있도록 지원하는 프로그램이다.

(3) 영국의 공공디지털센터

영국사회에 존재하는 정보격차(digital divide)에 대한 대응을 위해 각종 토론 및 포럼도 함께 운영하고 있으며, 전국적으로 약 4,500여 개에 이르는 공공디지털센터(ESP)는 큰 역할을 수행하고 있다.

첫째, 공공디지털센터는 모든 국민에게 개방되어 있으며, 1인 혹은 다수의 멀티미디어 전문직원이 배치되어 각종 인터넷서비스 및 전반적인 정보통신기술을 자유롭게 활용할 수 있도록 돕는다. 공공디지털센터를 운영하는 목적은 개별적 인터넷 접근이 어려운 계층에게 인터넷을 사용할 수 있는 공간을 제공할 뿐 아니라, 신기술을 배우고, 익숙해지기 원하는 이들에게 관련 교육을 실시하기 위한 것이다. 또한 인터넷 활용을 활성화하여 전자행정(e-administration)에 대한 접근 및 디지털기술(모바일, 3D 프린터 등)의 적절한 이용을 용이하게 한다.

둘째, 공공디지털센터는 다양하게 추진되어서 특정 부처 또는 공공기관이 추진한 국가 프로그램도 있고, 마을 단위 프로그램도 발전되어 왔다. 센터를 방문하지 않고도 문서작성, 인터넷 검색 등에 대해 자가학습할 수 있는 프로그램을 홈페이지에서 제공하고 있는 점도 주목할 만하다.

(4) 프랑스의 공공 애플리케이션 개발과 보급

'Proxima mobile'은 모바일 단말기를 활용하여 공공서비스를 활용할 수 있도록 각종 유용한 애플리케이션에 관한 정보를 담은 사이트로서 최근 개발되어 다운로드 가능한 애플리케이션을 분야별로 소개하고 있다. 예컨대, BlaBlaCar 앱은 모바일 기기를 통해 카풀 서비스를 활용할 수 있도록 운전자와 보행자를 연결해 주는 앱으로서 Covoiturage.fr이라는 프랑스 최대 카풀 사이트와 동기화되어 실시간으로 주변에서 카풀 상대를 찾을 수 있도록 해 주고 있다.[7)]

(5) 프랑스의 디지털 집단지성

프랑스 국가디지털위원회(CNNN)의 'Vendredis contributifs'가 주목된다. 프랑스정부의 요청에 따라 디지털 격차 및 디지털 통합에 대한 권고사항을 제출해야 하는 국가디지털위원회는 위원회 내 디지털 통합팀 구성원 및 외부 전문가가 함께 참여하는 '기여의 금요일'이라는 토론의 장을 정기적으로 마련하고 있다. 토론의 질을 보장하기 위해 외부인이 참가를 원할 때에는 사이트에 공개되어 있는 질문(예: 디지털 통합이 이루어지는 예는?, 디지털 통합정책의 집행에서 가장 우선시되어야 하는 이들은 누구이며 목표는 무엇인가? 등)에 대한 답변을 작성하여 이메일로 전송해야 한다.

(6) 미국의 정보 취약계층과 광대역위원회

미국정부는 연방정부 수준의 광대역위원회(Broadband Task Forces, Commissions, or Authorities)를 설치하여 지방의 인터넷 및 정보통신기기 관련 하부구조(infrastructure)를 개선하고, 정보 취약계층의 문제를 정보격차(digital divide)의 문제로 구조화하여 접근하고 있다. 이에 따라 주 정부들은 광대역위원회를 설치하

7) 이 앱은 도심의 교통량을 감소시켜 CO_2 감소에 기여할 뿐 아니라, 사용자의 경제적인 절약에도 도움이 되는 것으로 평가되고 있다. Proxima Mobile에서 개최한 유럽 프로젝트 공모에서 수상하였으며 불어, 영어, 스페인어로도 서비스된다.

거나, 민간기업과 연계하여 정보기술의 하부구조를 확장하고 있다. 그뿐만 아니라 특정 계층의 시민들이 보다 쉽게 정보통신기술(ICT)을 이용할 수 있게 관련 지식에 대한 교육프로그램을 시행하고 있다(http://www.ncsl.org/issues-research/telecom/state-broadband-task-forces-commissions.aspx).

〈그림 Ⅳ-21〉 미국의 광대역위원회

(7) 일본의 광역연계 메일링시스템

일명 '방재 · 간호 정보약자 정보발신사업 시스템'은 각 지자체에서 방재정보 등(지진정보 · 기상정보 · 피난정보 · 국민보호정보 등)을 메일 회원 등록을 한 주민에게 무료로 즉시 회신을 하는 서비스이다. 총무성의 지역 ICT를 활용하여 광역 연계사업을 통해 구축된 것으로서, 메일전달시스템은 재해발생 시 2차 피해가 나타날 우려가 있는 노인과 장애인 등 외국국적의 사람들을 고려하여 6개 국어(일본어 · 영어 · 중국어 · 한국어 · 스페인어 · 포르투갈어)로 문자나 음성서비스를 제공하고 있다.

2) 국내에서의 추진방향

(1) 주민센터의 복지허브 개편

안전행정부는 정보 취약계층의 서비스 접근성을 제고하기 위해 크게 세 가지 과제를 추진하고자 한다.

첫째는 취약계층 맞춤형 민원서비스 발굴·확산 과제 추진이며, 주된 내용은 주민센터 등 최접점 민원창구를 확대하고 주민센터를 복지허브로 개편하여 원스톱 복지서비스를 제공하는 것이다. 이때 주민센터는 개편 모형[8]을 마련하여 지역 특성에 따라 선택할 수 있도록 한다.

둘째는 주민센터·우체국 간 협업을 통해 취약계층에 대한 복지서비스를 확대한다는 것이다. 집배원이 우편물 배달 중에 인지한 취약계층의 생활상태, 불편사항 등을 관할 지자체에 제보하면 이를 신속히 처리해 주고, 동시에 취약계층이 필요로 하는 민원서류는 집배원을 통해 무료로 배달한다.

셋째는 장애인, 고령자 등에 대한 웹·앱 접근성을 제고하고자 하는 과제로서, 인터넷·앱의 표준화, 우수 웹사이트·앱에 대한 품질인증 그리고 영상수화 상담, 민원서류 음성화, 정보통신 보조기기의 지급 등을 내용으로 한다.

(2) 향후 과제

정보 취약계층에 대한 정부3.0의 추진방향은, 첫째 복지, 노동 등과 함께 항상 통합서비스 관점에서 접근해야 한다. 이때 정보격차를 해소하는 데 있어 정보

8) 기능보강형(현 주민센터 유지, 복지기능 강화), 통합형(몇 개 동 통합, 일반행정+복지행정), 거점형(몇 개 동 관할 복지전담센터 설치 등)

취약계층에게 의도하지 않았던 비용이 귀착되지 않도록 세심하게 배려해야 한다. 둘째, 취약계층의 세대 간, 공간적 분포를 고려하여 입체적으로 지도화(mapping)하고 각 중앙부처정책의 연계통합 가능성과 지방자치단체 서비스전달체계의 문제점을 개선하는 노력이 병행되어야 한다. 깔때기 현상을 해소하기 위해 일정한 교육훈련을 전제로 행정과 복지 직렬을 통합운용하는 것도 고려해 볼 수 있을 것이다.

4. 새로운 정보기술을 활용한 맞춤형 서비스 창출

■ 선진국 사례

- ○ 프랑스는 신규 모바일서비스 개발 및 활성화 등을 통해 국민이 정보를 직접 요청할 수 있도록 함
- ○ 영국의 펩시코(PepsiCo)는 농작물관리 애플리케이션으로 케임브리지 대학과 농부들이 서로 의사소통할 수 있도록 운영됨
- ○ 영국은 또한 모든 부처와 관련된 공공서비스 정보를 제공하는 공식 사이트에 대한 스마트 애플리케이션을 제공

■ 추진방향

- ○ 정보기술 발전속도를 고려
- ○ 서비스를 받게 되는 국민의 생활 및 이용환경과의 정합성을 충분히 고려
- ○ 생활에 편리함을 주는 행정서비스를 지속적으로 발굴

1) 선진국 사례

(1) 프랑스의 신규 모바일서비스

프랑스 정부는 e-census 도입을 통해 16세 이상 청소년에 대해 의무적으로

시행하는 인구조사를 용이하게 하는 등 기존 인터넷 활용방식을 개선하면서 동시에 신규 모바일서비스를 개발하여 국민의 정보를 직접 수집하여 인구조사, 대리투표 서류의 온라인 접수 등을 가능케 함으로써 오프라인 방문처리 업무의 간소화를 추진하고 있다.

(2) 농작물관리 정보와 공공서비스 정보제공 사례

영국의 펩시코(PepsiCo)는 케임브리지 대학과 농부들이 서로 의사소통할 수 있는 워커스(Walker's) 사의 농작물관리 애플리케이션이다. 애플리케이션 운영결과 케임브리지 대학의 유관 연구소의 연구결과와 농부들이 갖고 있는 경험적 자료들이 융합적으로 농업관리에 활용될 수 있게 되었다. 이 애플리케이션은 2011년 농민들에게 소개되었는데, 경작하는 과정에서 이용되는 농업용수, 발생하는 탄소배출량, 재배 면적당 경작되는 곡물의 양, 능률성 향상을 위한 경작법 등 관련 정보를 제공한다.

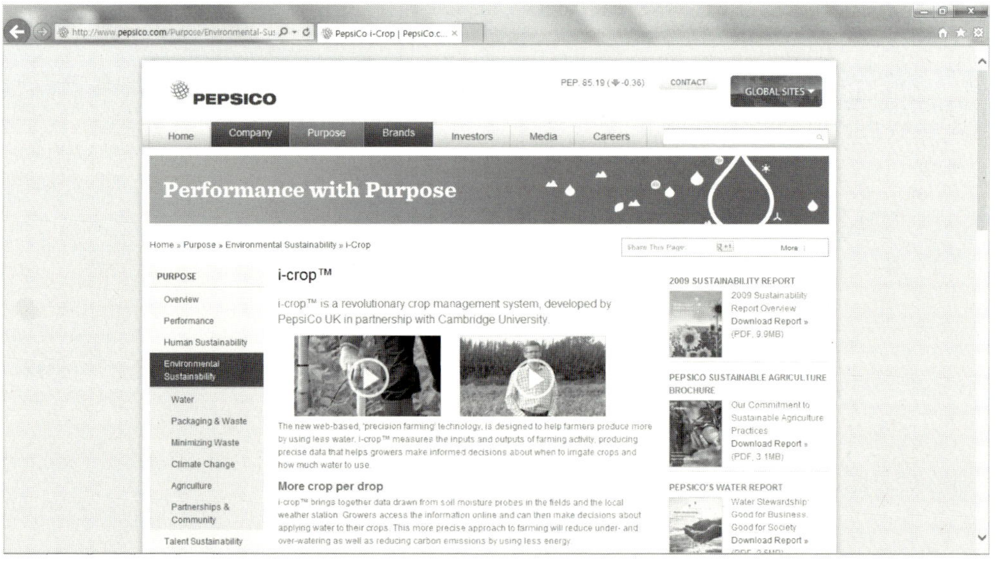

〈그림 Ⅳ-22〉 스마트폰 애플리케이션, '펩시코(PepsiCo crop management tool)'

펩시코는 또한 다른 모든 부처와 관련된 공공서비스 정보를 제공하는 공식 사이트(Service-Public.fr)를 구축하고 스마트폰 유저를 위해 애플리케이션(m.service-public.fr)을 제공하고 있다(http://www.pepsico.com/). 모든 사용자에게 개인의 권리 및 각종 절차를 파악하기 위한 행정정보 및 서비스에 대한 실시간 접근이 가능한 점이 특징이며, 온라인 버전의 주요 콘텐츠(내 정보, 처리상태, 뉴스, 질문게시판 등)와 행정기관 모바일 사이트 목록 등이 포함되어 있다.

(3) 미국의 건강프로그램

미국정부는 경제 및 진료를 위한 건강정보기술법(Health Information Technology for Economic and Clinical Health, HITECH)을 2009년에 제정하고, 이 법에 따라 ICT를 활용한 시민들의 건강관리 프로그램을 운영 중이다. ICT를 활용하여 운영되는 건강관련 프로그램은 주 단위의 정부기관, 기초자치단체의 정부기관, 의료기관 등이 연계되어 의료기록을 공유한다. 공유된 정보는 시민 개개인의 의료기록으로 관리되어 필요한 의료진료를 제공하고 앞으로 예상되는 의료수요 등

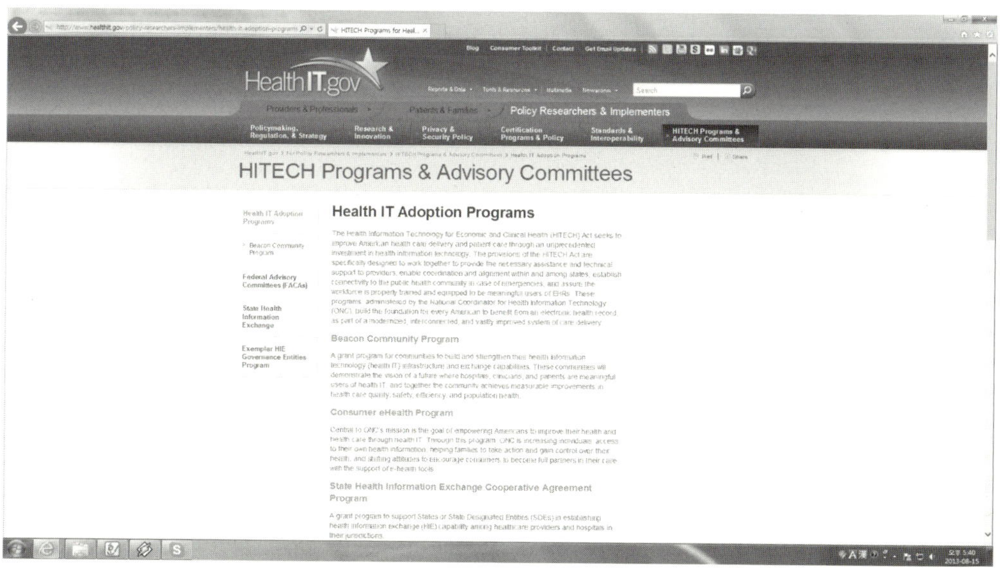

〈그림 Ⅳ-23〉 보건 및 의료서비스 개선을 위한 ICT 활용

을 점검하는 데 활용된다. 시민 입장에서는 본인들의 의료기록이 공공기관과 의료기관에 모두 공유되어 차후에 필요한 다양한 종류의 의료 및 건강서비스를 받는 데 기본자료로 활용된다는 측면에서 편의성과 비용절감의 효과가 클 것으로 판단된다.

(4) 모바일서비스 응용프로그램 개발과 인재육성

일본은 모바일과 스마트폰을 활용하는 공공서비스의 향상과 ICT 인재육성사업을 추진하고 있다. 특히 지역의 안심 · 안전을 제공하는 공공서비스의 향상을 실현하기 위해, 지역정보 플랫폼을 기반으로 한 휴대전화 · 스마트폰 활용서비스 응용프로그램 개발과 개발 인재의 육성에 힘을 쏟고 있다. 이러한 노력은 ICT 분야의 새로운 비즈니스와 신규고용 창출, 공공서비스의 확대 및 지자체 부담경감 등 다각적인 목표를 가지고 있다는 점에서 의미가 있다.

2) 국내 사례 검토와 추진방향

국토부는 공간정보를 기반으로 하여 인근 주차장의 주차정보, 결제정보, 시간대별 주차장 공동이용, 사전 예약시스템, 출고기록관리 등을 제공하는 스마트 주차관리시스템을 개발 · 보급하고자 한다. 이러한 시스템을 바탕으로 웹과 스마트폰을 통해 출발 전 및 주행 중에 목적지 부근의 정확한 주차정보를 실시간으로 확인하고 예약할 수 있다는 측면에서 국민편의성을 제고할 것으로 예상된다.

한편, 교육부는 시간 · 장소에 구애받지 않고 EBS 수능강의를 학습할 수 있는 서비스를 추진할 계획이다. 동영상 강의 다운로드 등 EBSi의 주요 기능을 모바일 앱으로 개발 · 보급함으로써 학습자 관점에서 편리성을 제고하는 것인데, 안드로이드와 iOS 등에 모두 적용할 수 있도록 한다는 점에서 장점이 인정된다. 특히 수강자의 수준별 학습관리를 가능하게 하고 더불어 학습과정에서 도움을 받을 수 있는 코칭기능을 잘 구축할 수 있다면 사교육비 절감에 상당한 의미가 있을 것이라고 판단된다.

다른 한편, 산업부가 스마트폰 앱 등을 통해 지역별로 가장 값이 저렴한 주유소를 찾아줌으로써 가격안정을 도모하고 서민의 유류비용 절약을 지원하고자 하는 노력은 인터넷에서 모바일로 접근성을 확대한다는 측면과 국민이 원하는 정보를 맞춤형으로 제공한다는 측면에서 긍정적으로 생각된다.

안전행정부는 새로운 정보기술을 활용한 맞춤형 서비스 창출과 관련하여 두 방향을 설정하고 있다. 하나는 첨단 IT기술을 활용한 행정서비스를 확대하겠다는 것으로, 최신 정보기술(전자태그, 위치정보 등) 기반의 지능형 서비스를 발굴·확산하기 위해 7대 전략분야(40개 세부분야)를 중심으로 중장기 서비스 로드맵을 수립하고 추진하는 것이며, 두 번째는 모바일을 활용하여 이동하면서 이용 가능한 스마트폰기반의 생활편의 서비스를 확대하겠다는 것이다.

향후 추진에 특별히 강조되어야 할 점은 서비스 개발에서 정보기술 자체가 매우 빠르게 발전하고 있다는 점이 반영되어야 한다는 것이다. 이러한 ICT 발전속도와 행정서비스, 그리고 이러한 서비스를 받게 되는 국민이 처해 있는 상황 간의 정합성이 고려되지 않으면 많은 비용을 지불하면서도 국민이 받게 되는 편익은 실제로 크지 않을 수 있기 때문이다.

V

정부3.0의 적용: 지방3.0

제1절 지방3.0의 의의와 개념

1. 지방3.0의 필요성

■ 정부3.0의 지방적 적용과 이해 필요
 ○ 정부3.0의 연장선상에서 지방정부의 역할 정립
 ○ 다양한 지역실정을 고려한 맞춤형 3.0 추진

■ 지방행정에 있어서 주민참여의 중요성
 ○ 현장성, 주민과의 협치

■ 지방의 자율과 책임 진작(지방정부의 피동성 불식)

■ 집행과정의 완결

■ 커뮤니티 강화(local participatory governance), 지역공동체 강화
 ○ 커뮤니티 웰빙은 국민행복의 기반

현재 안전행정부가 주축이 되어 정부3.0의 지방적 적용을 염두에 두고 지방3.0이 추진되고 있는바, 왜 지방3.0인가 하는 의문이 있을 수 있다. 지방3.0을 별도로 강조하여 추진해야 하는 이유는 다음과 같다.

첫째, 정부3.0의 지방적 적용에 대한 각별한 이해가 필요하기 때문이다. 물론

지방3.0은 정부3.0과 별개의 것이 아니며 기본적으로 정부3.0의 연장선상에 있다. 그럼에도 불구하고 정부3.0이 다양한 지역실정을 고려한 맞춤형 정부3.0으로서 추진되기 위해서는 지방3.0을 부각시켜 정부3.0과 병행해야 한다. 지역별 차이에 대한 고려 없이 표준적으로 추진되는 정부3.0은 자칫 지방 차원에서 겉도는 정책으로 형식화될 우려가 없지 않기 때문이다. 각 지역별로 차별화되는 다양한 행정수요에 맞게 적절한 행정서비스를 공급하는 것은 매우 중요한 요소라는 인식이 필요하다.

둘째, 지방행정에서는 주민접촉 내지 주민참여에 의한 협치가 핵심 성공요인이다(이승종, 2011b). 그러므로 정부3.0은 주민과 가까운 정부로서의 현장성, 주민의 수요에 대한 맞춤성, 주민을 고객으로 하는 관리와 같은 부분을 충분히 고려해야만 한다. 중앙정부 주도로 추진되는 정부3.0은 추진과정에서 자칫 그 같은 요구를 소홀히 취급할 우려가 있기 때문에 이를 강조하는 차원에서 지방3.0을 추진할 필요가 있다. 이렇듯 지방3.0은 정부3.0에 비해 주민과의 협력 거버넌스를 보다 중요시한다는 점에서 차별화된다.

셋째, 지방3.0을 추진함으로써 지방정부가 정부3.0의 피동적 객체가 아니라 자율과 책임성하에서 적극적 · 능동적으로 정부3.0에 참여하는 계기가 될 수 있다.

넷째, 행정과정은 기획과 결정만이 아니라 집행과 평가가 대단히 중요한데 상당부분의 정부 기능은 지방 차원에서의 집행을 통해 그 과정이 완결된다. 따라서 지방에서의 집행과정과 지방사업 결과에 대한 평가과정을 위해 지방3.0이 필요하다.

끝으로, 지방3.0을 통해 지역사회, 커뮤니티를 강조하기 위함이다. 국민행복은 많은 경우 가까운 지역사회에서 얼마나 만족감을 느끼는지에 따라서 달라지기 때문에 커뮤니티의 중요성이 세계적으로 강조되고 있는 추세이다. 실제로 커뮤니티 차원에서의 국민행복이 보장되지 않고서는 전체 국민의 행복을 보장할 수 없다. 지방3.0은 보다 작은 지역, 지방, 커뮤니티를 강조함으로써 지역공동체를 형성하는 데 기여하고, 지역적 사회자본을 증진시킴으로써 결과적으로 전체 국민의 행복을 증진시킬 것으로 기대되기 때문에 필요하다.

2. 지방3.0의 개념

- 지방3.0은 정부3.0의 4대 가치(개방, 공유, 소통, 협력)에 대한 자치단체의 구체적 실현을 의미함(관계부처 합동, 2013e; 안전행정부, 2013g)
  - ㅇ지자체의 적극적 참여 유도 필요
  - ㅇ지자체별 특성을 고려
  - ㅇ주민체감도가 큰 과제를 중심으로 중점 추진

지방3.0은 투명한 정부, 유능한 정부, 서비스 정부 구현이라는 정부3.0의 전략을 바탕으로 주민들에 대한 개인별 맞춤형 서비스를 제공하며 시민에 대한 서비스를 우선으로 생각하는 행정 패러다임을 의미한다. 따라서 '맞춤형 행정서비스' 구현, 일자리 창출 및 신성장동력 창출이라는 정부3.0의 목표가 동일하게 지방3.0의 핵심목표로 상정되어야 한다. 지방3.0은 정부3.0의 4대 가치(개방, 공유, 소통, 협력)에 대한 자치단체의 구체적 실현을 의미하며, 지자체의 적극적 참여를 유도할 수 있도록 지역특성을 고려하고, 동시에 주민체감도가 큰 공모과제 및 제도개선 과제를 중심으로 중점 추진될 필요가 있다. 즉, 행정서비스 공급자인 자치단체 중심의 모형에서 수요자인 주민 중심으로의 전환을 통해 주민들에게 생활의 편의성을 제공하고, 지방정부 업무프로세스의 효율성 및 투명성을 제고하며, 나아가 주민과의 새로운 관계를 정립하는 것에 초점을 둔다.

〈표 V-1〉 정부3.0과 지방3.0의 비교

	정부3.0	지방3.0
주 체	중앙정부	지방정부
협업의 축	정부와 국민의 협업 정부부처 간 협업 정부부처 내 부서 간 협업 부처와 산하기관의 협업	정부-주민 간 협업 중앙-지방 간 협업 지방-지방 간 협업 지방부서 간 협업
LOCUS	기능: 중앙부처	지역: 시군구/읍면동/커뮤니티
대 상	국민 전체	지역주민
접근법	거시적(Macro)	미시적(Micro)

자료: 한국지방행정연구원(2013).

그렇다면 정부3.0과 지방3.0 간의 차이는 무엇인가? 양자는 기본적으로는 크게 다르지 않지만 차별성을 인식하는 것도 필요하다. 우선 추진주체가 중앙이냐 지방이냐의 차이가 있다. 협업의 축에서 정부3.0은 정부부처 간 관계에 초점을 맞추는 대신, 지방3.0은 지방정부 간 관계에 우선적 강조점을 둔다. 또한 정부3.0이 중앙 차원의 기능을 주 대상으로 하는 반면, 지방3.0은 지역에서의 서비스 기능을 주 대상으로 한다. 접근방식에서는 정부3.0이 상대적으로 거시적인 관점에서 국민 전체를 고려한다면, 지방3.0은 상대적으로 보다 미시적인 관점에서 지역주민을 대상으로 추진한다는 점에서 차이가 있다. 이러한 차별성의 인식에 기초하여 각 지방정부는 전국적인 공통의 지역문제를 넘어 해당지역의 특수한 문제를 해결 또는 완화할 수 있는 고유 정책과제를 도출해 낼 수 있어야 한다.

3. 지방3.0의 의미

■ 정보공개, 공유 및 유능한 지방정부 구현
  ○ 깔때기 현상의 완화 및 해소
  ○ 행정서비스 사각지대 감소
  ○ 칸막이 현상의 해소

■ 궁극적으로는 맞춤서비스로 주민행복을 실현

지방3.0은 정부3.0의 지방적 구현이므로 본질적으로 주민과 소통하는 유능한 지방정부를 만들어 창조적 지역경제 활성화에 기여하며, 주민에게 맞춤형 서비스를 제공하는 행정 패러다임이라고 개념화할 때 다음과 같은 실천적 의의를 가진다.

첫째, 깔때기 현상을 완화하거나 해소시키는 데 의미가 있다. 깔때기 현상은 중앙정부정책의 전달과정에서 병목이 생기는 현상을 의미한다. 예를 들어, 중앙정부 차원에서는 다양한 정책이 수립되고 예산을 확보하여 추진하지만, 현장에서 실제 집행업무를 담당하는 인력은 매우 부족하여 소수의 인력이 과도한 업무에 시달리게 되고, 최종 고객인 주민은 실제 혜택을 제대로 받지 못하는 어려움이 발생하고 있다. 결과적으로 이와 같은 깔때기 현상은 행정집행상의 구조적 문제이며, 정책을 만드는 것만큼 이를 제대로 실행하도록 하는 서비스 전달체계를 갖추는 것이 중요한데 지방3.0을 통해 이를 개선할 필요가 있다.

둘째, 행정서비스의 사각지대 감소를 위해서 지방3.0은 큰 기여를 할 수 있다. 행정의 다양한 서비스에도 불구하고, 사각지대는 늘 존재한다. 이처럼 정책에 사각지대가 발생하는 이유는 프로그램의 엄격한 기준과 자원의 한정, 개인정보보호법의 규제와 미비, 사업에 대한 홍보와 안내 부족, 전달체계의 미비와 역할 부족 등 매우 다양하다. 따라서 지방3.0을 통해 사각지대의 발굴이 효과적으로 이루어지도록 하고 서비스 전달체계의 통합성과 협력성, 그리고 투명성과 지속가능성을 확보해야 한다.

셋째, 칸막이 현상을 해소하는 데 지방3.0이 의미가 있다. 칸막이 현상은 정부 간, 정부부처 간, 또는 부서 간 정보공유가 되지 않거나 필요한 권한이 제대로 이양되지 않는 것을 의미하며, 이로 인해 업무 조율 또는 협력이 제대로 되지 않아 예산이 낭비되고 정책실패가 나타난다. 예컨대, 다부처사업의 경우임에도 불구하고 특정 개별 부처에서 타 부처의 협업 없이 독립적으로 정책을 추진하면 중복문제와 더불어 정책의 효과 자체가 저하될 수밖에 없다. 이렇게 되는 원인은 현행법과 제도에서 부처 또는 부서의 기능이 나누어져 있고 역할별 책임이 할당되어 있기 때문이다. 책임범위가 명확하다는 것은 바람직한 현상이지만 협력이 필요한 정책을 추진하는 과정에서까지 조직과 개인(공무원)이 자신의 입장에서만 정책을 이해하고 추진하기 때문에 문제가 된다. 이러한 현상은 관련된 필수정보를 공유하지 않아도 되는 복무규정과 협업의 과정 및 결과에 대한 성과평가 체계와 지표의 부실에도 원인이 있다.

제2절 지방3.0 구성과 과제

1. 지방3.0의 비전과 전략

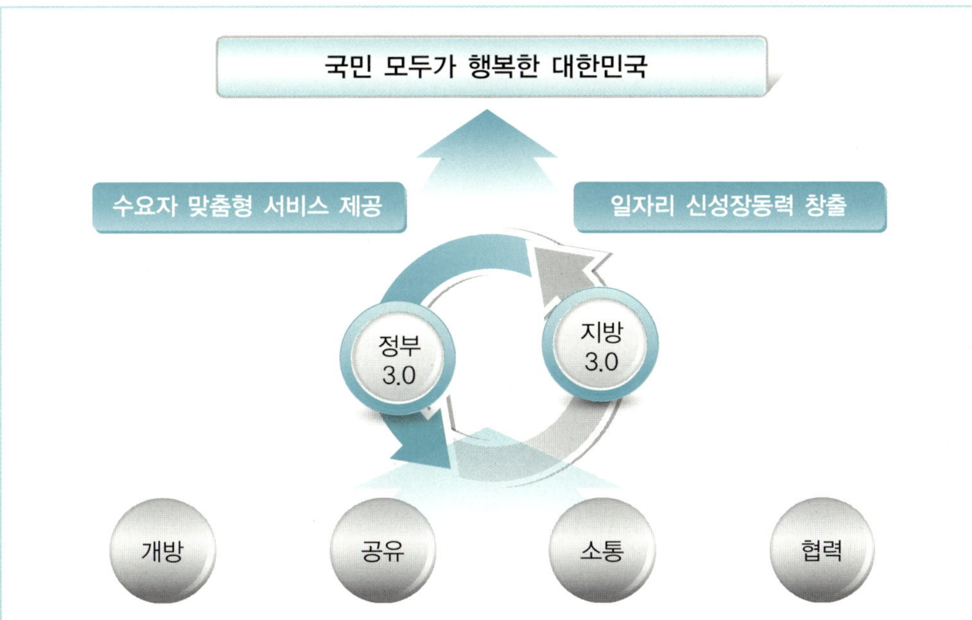

자료: 관계부처 합동(2013e), 안전행정부(2013g).

지방관계부처 합동(2013e)과 안전행정부(2013g)에서는 개방, 공유, 소통, 협력을 바탕으로 수요자 맞춤형 서비스 제공, 일자리 및 신성장동력 창출을 통한 국민 모두가 행복한 대한민국을 달성한다는 큰 비전을 제시하고 있다. 이러한 비전과 전력 모형은 기본적으로 정부3.0에서 제시한 것과 같은 것이다. 다만, 추진 주체인 정부요소에 투명, 소통, 서비스 정부 대신 정부3.0과 지방3.0을 병렬적으로 제시함으로써 중앙과 지방의 선순환적 기여관계를 표현하고 있다. 이렇듯 정부3.0과 지방3.0은 상호 연관된 것으로서 유기적 연관관계하에 추진될 때 선순환적 시너지효과를 창출해 낼 수 있을 것으로 기대된다.

자료: 한국지방행정연구원(2013).

한국지방행정연구원(2013)이 제시한 모형은 지방3.0에 초점을 맞추어 비전과 전략관계를 규정하고 있다. 즉, 지방3.0의 비전을 지역주민 모두가 행복한 지방자치단체로 설정하고, 투명한 정부, 유능한 정부, 서비스 정부라는 3대 추진전략을 통해 수요자 맞춤형 서비스 제공과 일자리 및 신성장동력 창출이라는 목표를 설정하였다. 개방과 공유라는 가치를 통해 투명한 정부를, 소통과 협력이라는 가치를 통해 유능한 정부를 지향하며, 이는 정보공개체계와 맞춤형 서비스 전달체계를 연계 · 융합하고 이를 촉진시키도록 하고 있다. 특히 내부 부서 간의 칸막이를 없애 정보협력을 실현하기 위한 원리로서 주민참여와 자치단체를 비롯한 지역사회의 역량강화를 제시하고 나아가 중앙과 시민단체 그리고 지역주민과 연계된 네트워크체계를 구축하되 과학적 분석을 기반으로 하는 스마트행정을 추구하는 것으로 하고 있다. 이 모형 역시 정부3.0의 설명에서 제시한 모형과 기본적으로 같다. 다만, 가치체계에서 개방과 공유는 정보체계 요소이며, 소통과 협력은 서비스 전달체계 요소임을 명시적으로 규정한 데서 차이를 보인다. 또한 정부3.0의 촉진원리로 주민참여와 공직역량강화를 통해서 지방 차원의 참여 거버넌스의 구축을 요소로 제시함으로써 지방3.0의 특성을 드러내 준다.

2. 지방3.0 비전과 전략의 연계구조

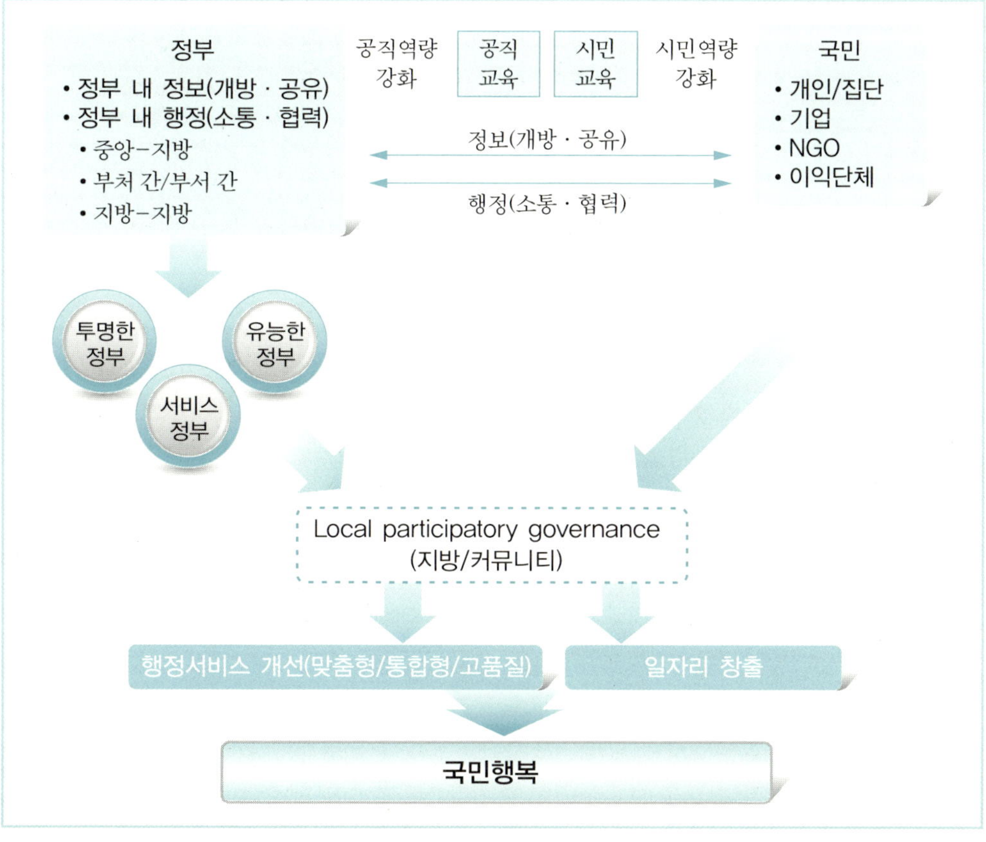

지방3.0의 비전과 전략의 연계구조는 앞에서 제시한 정부3.0의 추진체계에서의 연계구조와 기본적으로 같다. 다만, 정부3.0의 경우와 다른 점은 지방 내지는 커뮤니티 차원에서의 참여 거버넌스를 통해 행정서비스 개선과 일자리, 신성장동력 창출을 기한다는 차이가 있다. 즉, 정부3.0과 지방3.0 추진체계의 근본적 차이는 지방3.0이 지방 차원에서의 협치를 통해 정책목표를 달성하고자 한다는 점이다. 이처럼 지방 차원의 협치를 통해서 지방3.0을 추진한다는 것은 결코 작은 요인이 아니다. 일단, 정부만이 아니라 주민과의 협업이 필요한데 이 같은 교호작용이 쉽지 않을 뿐 아니라 지역별로 차이가 있다는 것이다. 그러므로 지방3.0의 추진은 정부3.0의 경우에 비하여 보다 세심하고 개방적이며 융통성 있는, 그야말로 분권적 접근이 이루어질 필요가 있다.

3. 지방3.0의 주요 내용 및 프로젝트(예시)

■ 추진과제별 유의점

ㅇ무엇이 핵심이슈인가? (예: 정보비밀주의의 개선)

ㅇ무엇이 문제 또는 장애요인인가? (예: 관료의 행태, 기술적 한계, 정보보호, 정보쓰레기)

ㅇ처방(프로젝트)의 방향과 목록은 무엇인가?

–기본방향(예: 개방, 공유에 비추어... 원칙 공개, 비밀 예외)

–사업목록(예: 공개경쟁, 공직교육, 청구공개를 공표원칙주의로... 등)

■ 지방3.0 프로젝트의 키워드

ㅇ기본적으로 정부3.0의 연장선에서 지방의 특성 고려

ㅇ지역실정 맞춤형(유형별: 도시/농촌, 대도시/중소도시, 부유/빈곤...)

ㅇ정책집행

ㅇ지역격차(중앙대비 지역행정의 격차: 정보화, 행정문화, 기획능력...)

○주민접촉(여론파악, 행태)
○IGR(권한, 재정 고려, 분권)
○커뮤니티
○역량(주민, 공직자) 등
○원스톱/노스톱 서비스 추진, PCRM(public customer relation management)
○통합 콜센터
○커뮤니티 매핑(자원, 문제)
○근린참여 거버넌스체제 구축 등

정부3.0은 기본적으로 10가지 전략과제별로 나누어서 추진과제가 제시되고 논의된다. 지방3.0 역시 기본적으로는 10가지 추진과제를 축으로 삼아 해당 지역에 적합한 과제를 발굴할 필요가 있다. 각 지방정부는 이러한 과제를 발굴하고 추진하는 데 있어 다음 세 가지 사항을 유념해야 한다.

첫째, 무엇이 중요한 이슈인가 하는 것이다. 예를 들어, 정보공개 부분에서는 정보공개를 확대하는 것인가, 정보비밀주의를 개선하는 것인가 또는 정보보호를 강조하는 것인가 등의 문제가 있다고 할 때, 이들 중 우선순위가 높은 문제를 먼저 다루어야 한다는 것이다. 즉, 무엇이 정책의 핵심적인 논의거리인지를 발견하는 것이 첫 번째 단계이다.

둘째, 문제가 무엇이며, 그 문제를 해결하는 데 장애요인이 무엇인가 하는 것이다. 예를 들어, 정보공개를 강화하는 데 있어 관료의 행태가 장애요인인가 또는 기술적 한계가 장애요인인가 아니면 정보보호요청이 장애요인인가 하는 것이다. 혹은 너무 많은 그러나 가치 없는 정보홍수 현상, 즉 정보쓰레기 현상도 고려해야 한다. 결국 핵심이슈를 발견한 다음, 그러한 핵심이슈를 다루는 데 장애요인 내지는 문제가 무엇인지를 발굴하는 것이 그다음 단계이다.

셋째, 구체적으로 정책처방(대안)을 만들어 내는 것이다. 즉, 사업을 발굴하는 것이다. 사업을 발굴하는 데에는 구체적 사업의 발굴 이전에 사업 기본방향을 정하는 것이 중요하다. 정보부문의 예를 들어 보자. 정부3.0의 정보체계 부분에서는 기본가치가 개방과 공유이므로 이를 사업의 기본방향으로 적용할 수 있을 것이다. 그렇게 되면, 예컨대 '원칙은 공개이며 비밀이 예외이다'라는 사업의 기본방향을 정할 수 있을 것이다. 그 후 기본방향에 맞추어 구체적인 사업을 입안하고 추진한다. 예컨대, 정보공개를 하는 데 부서 간 경쟁을 시킨다든가, 공직자를 교육하는 프로그램을 만든다든가, 청구공개를 공표원칙화하는 방향으로 사업을 바꾼다든가 하는 방향에서의 구체적인 사업을 발굴할 수 있다.

이를 전제로 지방3.0 프로젝트, 즉 구체적인 지방3.0 사업을 발굴하고 추진하는 데 있어 몇 가지 생각해야 할 키워드를 제시하면 다음과 같다.

첫째, '지방의 특성'을 고려해야 한다. 지방3.0을 추진하는 기본정신은 지역별로 다른, 또는 한 지역 내에서도 그 지구별로 다른, 또는 지구 안에서도 마을별로 다른 지방의 특성을 고려해서 맞춤형으로 서비스를 제공한다는 것이다. 그러므로 지방3.0 사업을 입안할 때 지방의 특성이라는 것이 가장 중심적인 키워드가 된다.

둘째, 마찬가지로 '맞춤형'이 키워드가 된다. 예를 들어, 도시와 농촌, 대도시와 중소도시, 부유지역과 빈곤지역 등, 즉 지역민이 거주하는 구체적 공간에서 구체적인 요구에 적합하게 부응하는 맞춤형을 실현하는 것이다.

셋째, '집행과정'에 초점을 맞출 필요가 있다. 지방은 중앙에 비해서 집행기능이 많은 편이나 효율성이 떨어지는 분야가 적지 않다. 따라서 지방3.0은 집행의 효율성에 상대적인 초점을 기울일 필요가 있다.

넷째, 지역 실정 측면에서 지역이 가지고 있는 '지역격차' 부분에 대한 고려가 있어야 한다. 정보화 추진이나 행정문화, 기획능력과 경험 같은 것에서 차이가 있다면 그것을 고려한 사업입안이 이루어져야 한다.

다섯째, '주민접촉' '주민참여' 등이 키워드가 된다. 따라서 여론을 파악한다거나 주민의 반응에 대한 고려를 보다 더 적극적으로 하는 것이 필요하다.

여섯째, '정부 간 관계(inIGR)'에 대한 고려가 이루어져야 한다. 정부 간 관계에서는 권한뿐만 아니라 재정부분에 대한 고려도 아울러 이루어져야 한다.

일곱째, '커뮤니티'에 대한 고려가 있어야 한다. 전술한 바와 같이 국민행복기반으로서 커뮤니티는 중요하다.

여덟째, 주민과 공직자의 '역량' 강화에 대한 관심이 필요하다.

아홉째, 일선기관으로서의 원스톱(one-stop) 내지 노스톱(no-stop) 서비스에 대한 고려가 필요하다. 여기에는 PCRM(Public Customer Relation Management) 등도 그 내용으로 포함될 수 있다.

열째, 통합 콜센터에 대한 고려가 필요할 수 있다.

열한째, 커뮤니티 매핑(community mapping)에 대한 관심이 필요하다. 커뮤니티 매핑이란 해당 지역에서 가지고 있는 자원에 대한 파악, 그리고 문제에 대한 파악을 별도로 하는 것이다. 행정과정에서는 문제에 과도하게 신경을 씀으로써 해당 지역이 발전할 수 있는 자원을 소홀히 하는 경우가 있다. 자원 매핑은 그러한 인식의 불균형을 해소하는 첫걸음이 될 것이다.

그리고 마지막으로 근린 거버넌스체제를 구축하는 관심, 이러한 것도 지방3.0을 추진하는 데 중요한 고려요소가 될 수 있다. 금년에 31개 시범지역에서 시행되는 주민자치회는 근린 거버넌스의 본격적 시도의 일환으로 볼 수 있다.

4. 지방3.0 추진체계

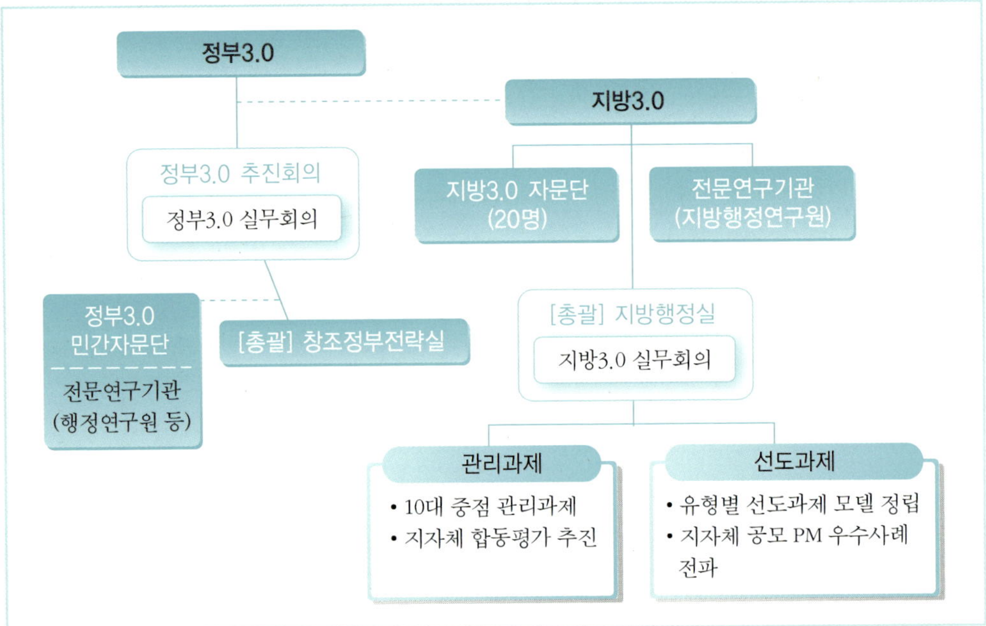

자료: 관계부처 합동(2013e), 안전행정부(2013g).

지방3.0의 추진체계는 정부3.0 추진조직과 유기적으로 연계된 전담조직으로 구성하되, 안전행정부에 지방3.0을 총괄할 지방3.0 추진단을 지방행정실에 설치하고, 지자체에는 정부3.0 과제를 총괄할 기존 3.0 책임관 이외에 구체적 과제를 수행할 지방3.0 핵심리더를 양성하여 실천적 참여를 유도한다. 더불어, 전문가 그룹을 통해 지속적 과제 발굴, 사업추진 관리 및 전담교육을 실시하는데, 여기에는 지방3.0 자문단(정부3.0 자문단, 안행부 자체평가위원, 지자체 합동평가위원 등 20여 명)과 전문연구기관(한국지방행정연구원, 각 지자체연구원) 등의 다양한 전문가가 포함된다.

5. 지방3.0의 추진방식과 추진과제

■ 정부3.0 기본계획의 연속선에서 지방자치단체에서 직접 수행할 10대 중점 추진과제를 관리과제로 설정

■ 지방자치단체 합동평가 시 중점 평가과제에 포함하여 평가 및 분류
ㅇ단순 실적 위주가 아닌 실질적 성과가 평가될 수 있도록 평가지표 정교화 추진

■ 정부3.0 과제 중 개선 필요성과 파급효과가 큰 과제를 '선도과제'로 선정(8~10개 분야)

추진전략

- 공통과제 * 합동평가 평가지표에 반영
- 선도과제
  - 공모과제(6개 유형) * 연차적 확대
  - 제도개선과제(4개 유형) * 지속 발굴, 개선

과제구성

- 정부3.0 기본계획의 연속선에서 자치단체에서 직접 수행할 10대 중점 추진과제
- 추진실적을 합동평가 중점분야의 평가지표로 관리

추진방법

- 평가지표 개발 및 자문 후 정부업무평가위원회 심의를 거쳐 확정
- 자치단체 합동평가방식으로 실적평가

자료: 관계부처 합동(2013e), 안전행정부(2013g).

안전행정부 지방3.0 추진단(2013)에서는 지방3.0의 추진에서 지자체 추진과제를 선도과제와 관리과제로 구분하여 추진하기로 하였다. 또한 실천의식 제고 및 문제해결능력 배양을 위해 참여형 교육강화와 더불어, 선도적 성공사례 중심으로 '지방자치의 날(10.29)' 등 계기별로 집중 홍보하기로 하였다. 이하에서는 관계부처 합동(2013e), 안전행정부(2013g)를 중심으로 추진과제에 대한 설명과 더불어 구체적인 유형을 살펴보고자 한다.

〈표 V-2〉 지방3.0 추진방식

과제 구분		내용 및 추진방식
선도과제	공모과제	지자체가 바로 추진하여 조기성과 창출 가능 과제 -6대 유형별 지자체 공모방식으로 추진
	제도개선과제	지방 · 중앙 간, 지자체 상호 간 협업을 위한 제도개선 필요과제 -5대 과제 우선 추진, 지속적 과제 발굴로 제도개선 추진
관리과제		정부3.0 과제별 추진계획에 따른 지자체 추진과제 -지자체 추진실적을 합동평가의 평가지표에 반영하여 관리

1) 선도과제

(1) 공모과제

공모과제는 단순 조례 제 · 개정 및 소규모 예산으로 추진 가능한 사업으로 주민 체감도가 높고, 파급효과가 큰 과제를 의미한다. 지자체의 적극 참여를 위한 인센티브가 제공(비예산 사업: 자치단체 합동평가 시 가중치 반영/예산 사업: 특교세 지원(1~3억 범위, 총 50억))되고, 각 유형에 대해 지역의 특성을 반영한 과제유형으로 공모가 가능하다. 세부과제의 유형은 6개로 다음과 같다.

① 자치단체 간 사회기반시설 공동활용(자치단체 간 칸막이 해소)

인접 자치단체 간 사회기반시설 공동활용으로 예산절감 도모(폐기물소각장, 하수처리장 및 복합문화센터 등)에 초점을 둔다.

○ (사례 1) 경기 이천 등 5개 시 · 군 폐기물소각장 공동사용(2008년~)
 –설치비 450억 원 및 연간 운영비 65억 원 절감
○ (사례 2) 서울 구로–경기 광명, 환경시설 상호 이용(2001년~)
 –구로(하수처리장), 광명(소각장) 간 상호 이용, 시설비 등 2,100억 원 절감

② 주민 맞춤형 서비스 창출(새로운 정보기술 활용)

위치정보 등 정보기술을 활용하여 주민 맞춤형 서비스 확산에 초점을 두며, 주민편의 및 재난대응 등 자치단체가 주도하여 소규모 예산으로 실행할 수 있는 과제 위주로 추진된다.

○ (사례 1) 대전시 버스승강장 승객 알리미 시스템(2013년)
 –승강장 99개소 및 버스 49대에 승객 감지 및 알림 송 · 수신기 설치
 –총 2.8억 원의 소액 사업비로 장애인 · 노약자 등에 맞춤형 서비스 제공
○ (사례 2) 인천시 재난현장 실시간 대응시스템 구축(2012년)
 –스마트폰 활용 재난 신고지점 및 실시간 영상전송 시스템 구축
 –총 61,329건 활용, 구조인력 출동시간 단축 및 피해 경감
○ (사례 3) 인천 남구 건축심의 전자화(2011년)
 –기존 도면출력 및 비정기적 심의방식을 전자심의방식으로 개선
 –도면 편철비용 3.5억 원 절감 및 심의 정규화로 주민편의 제고

③ 정보분석을 통한 과학적 지방행정 구현(빅데이터 활용)

공공 및 민간정보(SNS 및 포털) 분석을 통한 지역맞춤형 정책 추진으로 관광, 교통안전, 재난재해 등 수요자 만족형 정책수립에 활용된다.

ㅇ(사례) 부산 해운대 관광객 Voice 분석(2013년)
 – 국내외 SNS 및 포털에서 키워드로 '해운대' 분석 후 과제도출
 – 다양한 가격대별 숙박콘텐츠 개발, 교통서비스 개선 등에 활용

④ 지방자치단체 의사결정기구에의 민간참여(거버넌스 강화)

지자체의 정책결정 전 과정에 주민 및 전문가 실질적 참여 강화에 중점을 두며, 단순자문 및 지원기능을 넘어서는 적극적 참여방안 마련과 더불어, 현장·주민 중심의 참여채널 다양화 및 전자적 참여 확대를 중요시한다.

ㅇ(사례 1) 충남도 도민참여형 감사제도 도입(2011년)
 – 기존 독임제 감사관실에서 탈피, 합의제 감사위원회 설치·운영
 (외부 감사위원 6명 위촉, 도민감사관 70명 지정)
 – 공직비리 31% 감소(2010년 536명 → 2011년 391명) 등 청렴도 상승
ㅇ(사례 2) 수원시 주민배심원제 도입(2012년)
 – 주민으로 구성된 주민배심원단 설치, 주요 정책 및 갈등사안에 대해 시민배심 법정 개최로 주민 직접참여 강화
 – 주요 정책토론 후 홈페이지에 결과 공개로 정책 투명성·효율성 제고

⑤ 지방자치단체 정보공개범위 확대(공공정보 공개로 주민 알권리 충족)

지자체 및 소속기관이 보유한 모든 정보의 공개 확대에 초점을 두며, 주민 입장에서 공개 필요성이 큰 정보부터 우선 공개를 추진한다.

ㅇ(사례) 서울시 중구 도시계획위원회 회의록 공개
- 현행법상, 공개요청이 있는 경우 공개토록 규정되어 있음
- 주민 알권리 보장을 위해 모든 회의록 홈페이지에 공개

⑥ 정부3.0 과제 연계 자치단체 제안사업(추가)

지자체가 정부3.0과 연계, 지역특성에 맞게 발굴 · 제안하는 사업이다. 공모과제 추진은 전문가그룹(민간자문단, 지방행정연구원)의 전문적 검토를 통해 공모과제 선정 및 사업추진 시 PM(Project Manager)으로 참여관리하며, 지자체에서는 제시된 각 사업유형을 토대로 지역특성에 맞게 적용 · 확대방안을 공모하거나, 정부3.0 연계 추가제안이 가능하다. 공모과제의 지속 발굴과 단계적 확대로 정부3.0의 전국적 조기 정착을 도모하기 위해서 지자체 건의사항, 권익위 신고내용을 정밀분석하고, 민간자문단 및 지방행정연구원의 전문검토를 통해 공모과제를 구체화한다.

〈표 V-3〉 공모과제 추진

〈1단계 공모과제〉: 2013. 8~12월

공모과제 검토(~8.10)		지자체 공모과제 확정		사업 추진 및 성공 확산(9~10월)
• 전문가그룹 세부검토	➡	• 지자체 사전설명회 (지방3.0 담당관 워크숍, 8. 14) • 지자체 공모방식 추진 - 광역(10개), 기초(20개) - 각 1~3억 원 특교세 (총 50억 원)	➡	• 지자체 사전설명회(지방3.0 담당관 워크숍, 8. 14) • 지자체 공모방식 추진 - 광역(10개), 기초(20개) - 각 1~3억 원 특교세 (총 50억 원)

〈2단계 공모과제〉: 2014. 1~12월

사례 발굴 · 분석 (~2014. 1)	지자체 공모 및 사업 확정(2014. 2~3)	과제 추진 및 성공사례 확산(2014년 상 · 하반기)

(2) 제도개선과제

제도개선과제는 중앙-지방, 광역자치단체-기초자치단체 간 칸막이를 제거하고, 협업행정을 위해 법령 제·개정 등 제도개선이 필요한 과제를 의미한다. 안행부가 주도적으로 제도개선을 추진하며, 과제 유형은 다음과 같다.

① 1회 신고를 통한 원스톱 행정서비스 제공(수요자 맞춤형+협업·소통 지원)

■ 추진배경

○ 다수의 행정서비스가 기관별로 분산 처리되고 있어 주민들이 관련기관별로 일일이 신청해야 하는 번거로움으로 주민불편 가중

- 사망 시: 사망신고(주민센터), 자동차이전(차량등록사업소), 유족연금(연금공단) 등
- 재해발생 시: 국세납기연장(국세청), 지방세감면(지자체), 전기·통신료(관련 공사 등)

○ 제도개선 추진사례: 재해피해주민 지원 원스톱서비스 추진(소방청 2013년 시범운영 후 2014년 전면시행 예정)

- 특별재난지역 선포 시, 금융·세제, 전기·통신료 감면 등을 관련기관(중앙부처 11, 공사·공단 4) 간 협업을 통한 원스톱 지원체계 구축

■ 제도개선 방향

○ 1회 신고로 한 곳에서 한 번에 일괄처리할 수 있는 체계 구축

- 지자체에 영업점 개업신고 시 사업자등록증 발급(국세청) 연계
- 자동차등록 말소 시 범칙금(경찰청), 지방세 등 동시납부 연계
- 주민센터에 기초생활수급자 신청 시 전기·통신료 감면(관련 공사 등) 연계
- 주민센터에 사망신고 시 자동차이전, 유족연금 등 연계

② 투자활성화를 위한 지방규제 완화(협업 · 소통 지원)

■ 추진배경

ㅇ지방규제는 대부분 중앙법령 · 지침에 연계되어 단편적 개선으로는 한계

- 떡집은 즉석판매 제조업으로 분류, 영업장 이외 장소 판매(인터넷 · 전화 판매) 금지
- 골프장 건설 규제: 입지, 시설규제 등 251건(12개 부처, 54개 법률)

ㅇ지방공무원의 소극적 인 · 허가 행위 및 기업의 소극적 애로사항 노출

■ 제도개선 방향

ㅇ지방규제 실태 일제 조사(7. 16~9. 14) 추진

- 투자에 걸림돌이 되는 규제, 지자체별 인 · 허가 소요기간, 규제비용 등
- 경제5단체 규제개선 의견수렴 및 권익위 등 고충민원 분석을 통한 지방규제 완화

■ 추진계획

ㅇ지자체 인 · 허가 전담부서 및 중앙정부 「원스톱 창구」 신설

ㅇ「지방규제개선 · 조정위원회(위원장: 안행부 2차관)」 신설 · 운영(월 1회)

- 지자체 기획관리실장(국장), 규제개혁 자문위원, 안행부 국장 등 10명

ㅇ지자체 규제완화 실적평가 및 인센티브 지원

③ 맞춤형 취업지원 및 고용서비스망 강화(협업 · 소통 지원)

■ 추진배경

ㅇ지자체(일자리센터) · 고용부(일자리망) 간 연계부족 및 칸막이 상존

- 지자체와 고용부 시스템(Work-net) 간 연계로 공동활용을 모색해 왔으나, 접근권한(고용보험, 통계) 제한, 프로그램언어 상이 등 제약이 많은 실정

ㅇ제도개선 추진사례: 경기도 일자리시스템 통합 추진(2014. 8. 완료 목표)
-경기 일자리센터 취업포털(32개)과 고용부 일자리망 통합 추진

■ 제도개선 방향: 지자체와 고용부 일자리망 통합
ㅇ지자체 일자리 포털사이트를 고용부 일자리망(Work-net)에 탑재
ㅇ지자체 강점(구직 알선 노하우)과 고용부 강점(방대한 D/B) 공유로 시너지 창출
ㅇ기관별 담당자 간 사업장 정보(고용보험 등) 및 통계(이직률 등) 추출권한 공유로 구인 · 구직활동 지원성과 제고

④ 각종 마을발전사업의 연계 · 협력 추진(민 · 관협치 + 협업 · 소통 지원)

■ 추진배경
ㅇ마을만들기 등 각종 사업이 부처 간 협업 없이 칸막이식으로 추진되어 부처 간 연계 · 협력 시스템 구축 필요
-(안행부) 마을기업, 정보화마을, (농식품부) 농촌마을종합계획, 전원마을, 농어촌마을리모델링, (해수부) 어촌체험마을, (환경부) 자연생태우수마을 등
ㅇ협업 사례: 남양주 능내역 자전거길 조성
-중앙선 폐철도 구간을 지자체 · 관련부처 협업으로 명품자전거길 조성
-법인화된 마을기업을 통해 지역관광 활성화 및 일자리 창출

■ 제도개선 방향 : 범정부적 협업 및 민 · 관협치체계 구축
ㅇ지역발전위원회 내 「지역공동체 특별위원회」 설치를 통한 협업체계 구축
-설치: 지역발전위원회 내 특별위원회로 설치
-위원: 관련부처(우리부, 국토부, 농식품부 등) 및 지발위 위원 등
ㅇ부처별로 개별 시행 중인 지역공동체 활성화사업의 연계 · 협력을 통한 예산 낭비 및 사업효과성 제고

⑤ 지방상수도사업의 자치단체 간 연계 생산 · 공급(협업행정)

■ 추진배경

○ 현행 지방상수도는 특 · 광역시 및 시 · 군별로 개별 생산 · 공급되어 규모의 경제 미흡으로 평균 시설 가동률 58%로 비효율적 운영

구 분	평 균	특 · 광역시	50만 이상	20만 이상	20만 미만	농어촌
이용률	58%	56%	67%	62%	69%	65%

○ 자치단체 간 연계 · 협업을 통한 효율적 지방상수도 생산 · 공급 필요

■ 제도개선 방향: 자치단체 간 협업을 통한 효율적 지방상수도 공급

○ 생산여건이 좋은 지자체가 인접지역 수요량까지 생산 · 판매

○ 타 자치단체 생산 수돗물을 저렴한 가격에 구입하여 효율성 제고

제도개선과제의 추진방법은 개별 제도개선과제에 대해 자치단체, 기업, 주민 등 각 유형별 요구 및 건의사항을 정밀 분석(경제단체, 국민권익위 고충민원 등)하고, 전문가그룹(지방3.0 자문단, 한국지방행정연구원 등)의 개선방안을 도출한 후, 관련부처 및 자치단체 공동 개선안을 추진한다.

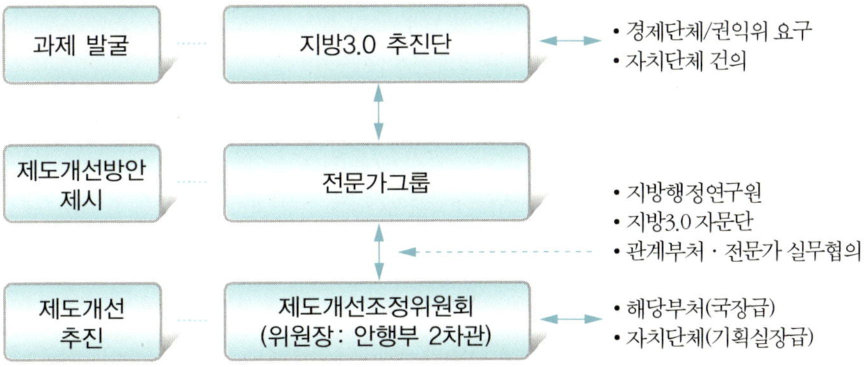

〈그림 V-1〉 제도개선과제 추진방법

2) 관리과제

관리과제는 정부3.0 기본계획의 연속선에서 지방자치단체에서 직접 수행할 10대 중점 추진과제를 관리과제로 설정한다. 지방자치단체 추진실적을 합동평가 중점분야의 평가지표로 관리하게 된다.

〈표 V-4〉 관리과제 평가지표와 구체적 내용

평가지표(안)	구체적 내용
정보공개 처리의 적절성	인터넷 홈페이지 사전정보공개 실적 및 실태 점검
공공데이터 제공 · 개방노력 실적	공공데이터 개방정책 및 개방 실적 공공데이터 민간활용 활성화 지원 실적(정성)
민 · 관협치 기본계획 수립 및 실천	온 · 오프라인 민 · 관 소통채널 다양성 정도 공청회, 전자공청회 등 적극적 활용 정도
시스템 연계 · 통합 및 공유 정도	중앙-지방, 광역-기초 간 시스템 연계 정도
인사교류 및 유연근무제 활용 실적	중앙-자치단체, 광역-자치단체 간 인사교류 실적 등
빅데이터를 활용한 정보공유 실적	지역정책 활용 빅데이터 관리 · 개발 · 개선 정도 (독창성, 효과성, 전파가능성 등 정성평가)
통합서비스 제공 노력도	맞춤형 통합서비스 제공 정책과제의 적정성 및 과제 이행률 평가
일자리 창출을 위한 기업애로 해소노력	창업 · 기업활동 지원 등 민원서비스 개선 실적
정보 취약계층 서비스 접근성 제고노력	정책수단의 다양성, 기획의 참신성 및 취약계층에 미치는 정책 파급효과(정성)
공간정보, 위치정보, u-IT(전자태그 등) 연계 맞춤형 서비스 창출 정도	주민생활에의 파급도, 업무효율 개선 정도

관리과제 추진방법은, 첫째, 성과평가를 통한 지자체의 자발적 참여 및 추진동력을 확보하며, 둘째, 평가지표를 개발하여 정부업무평가위원회 심의를 거쳐 확정하고, 셋째, 지자체 합동평가방식으로 실적평가를 시행한다는 것이다. 한편, 이를 보다 구체화하여 한국지방행정연구원(2013)의 지방3.0 매뉴얼에서는 지방3.0의 중점 추진과제 및 주요 사업을 다양하게 제시하고 있다. 기존 정부3.0의 중점 추진과제를 반영하되 이를 지방 차원에서 실천하기 위한 방안으로 지방

3.0 10대 과제를 개발하였으며, 중점추진과제별로 세부추진과제 및 주요 사업예시를 다양하게 제시하고 있다.

〈표 V-5〉 지방3.0 중점추진과제와 세부추진과제(예시)

중점추진과제	세부추진과제
지역의 공공정보 적극공개로 지역주민의 알권리 충족	지역개발사업 관련 공공정보 적극 공개 지자체 재정정보 공개 확대 정보공개 전담부서 설치 정보공개 관련조례 정비
지역데이터의 민간활용 활성화	지역공공데이터 활용 지원 지역공공데이터 개방 · 활용 인프라 구축
참여적 지역 거버넌스 정착	민관협력 활성화 주민참여 및 커뮤니티 활성화
지자체 부서 간 칸막이 해소	연계-융합을 위한 성과관리시스템 구축 부서 간 정보교류 주민생활서비스 관련 유사 중복기능과 예산의 통합
정부 간 협업시스템 구축	지자체 간 재정협력체제 구축 지자체 간 행정협력체제 구축 협업/소통 3.0 문화 활성화 중앙-지방 간 협업체계 구축
지역 맞춤 빅데이터를 활용한 과학적 지방정부 구현	지역 맞춤 빅데이터 활용 빅데이터를 활용한 지방정부 정책품질 향상
지역주민 맞춤형 서비스 통합 제공	생애주기별/유형별 수요자 맞춤 통합서비스 제공 읍면동 중심 서비스전달체계 구축 맞춤형 서비스 제공을 위한 행정절차 개선
지역과 연계된 창업 및 기업 활동 지원 강화	지방기업의 창업 · 육성을 위한 통합시스템 주민경제활동 원스톱 지원 강화
지역 정보 취약계층 지원	주민자치센터를 활용한 홍보 및 정보전달시스템 구축
새로운 정보기술을 활용한 지역 맞춤형 서비스 창출	ICT와 모바일을 활용한 지역정보서비스 제공

자료: 한국지방행정연구원(2013).

6. 지방3.0의 교육 및 홍보계획

■ 지방3.0의 교육계획

• 지방3.0 책임관 + 지방3.0 핵심리더로 구분하여 전략적 추진

- **중간관리자**
  - 시도 및 시군구 지방3.0 총괄부서 국 · 과장
  - 〈워크숍 활용〉
- +
- **핵심리더**
  - 자치단체 핵심실무인력 (주무과 선임주무관)
  - • 지방행정연수원 및 15개 시 · 도교육원
  - • 전문과정(2~3일 운영)
- +
- **전 지방공무원**
  - 특강 및 직장교육 등
  - ↓
  - 상시교육

■ 지방3.0 홍보계획

• 선도과제 중 우수사례 중심으로 집중 홍보

각종 홍보매체 활용

- **전광판 광고**
  - • 민간사업자(128기)
    - –광고시간의 20%는 공공목적의 광고를 하도록 규정
  - • 국가자치단체(59기)
- +
- **지하철 광고**
  - • 6개 광역시 지하철공사
    - * 서울지하철의 경우, 전체 광고의 20%를 공익성 홍보
    - * 유료광고 시 1개 노선당 일 60만 원 정도 소요
- +
- **전 지방공무원**
  - • 중앙부처, 자치단체, 산하기관 발간 간행물
    - –위클리공감, 카툰공감
  - • 지역소재지 (기초자치단체)

자료: 관계부처 합동(2013e), 안전행정부(2013g).

지방3.0 교육계획은 책임관과 핵심리더로 구분해서 전략적으로 추진된다. 중간관리자의 경우는 시도 및 시군구 지방3.0 총괄부서 국·과장을 중심으로 워크숍을 활용해서 교육을 진행한다. 핵심리더는 자치단체 핵심실무인력에 해당되는 주무과 선임주무관이며, 지방행정연수원 및 15개 시·도교육원을 중심으로 전문과정을 2~3일 정도 운영해서 교육을 진행한다. 전 지방공무원의 경우는 특강 및 직장교육 등을 통해서 상시교육이 가능하도록 한다. 지방3.0 홍보계획은 선도과제 중 우수사례를 중심으로 집중 홍보하는 방식을 취하며, 제1회 지방자치의 날(10.29)과 연계하여 운영한다. 각종 홍보매체 활용은 전광판 광고, 지하철 광고, 간행물 등 광고 등으로 다양한 수단을 활용한다.

VI

마치며

제1절 요약

다양한 외생적, 내생적 환경변화 속에서 정부의 패러다임이 지속적으로 변화해 왔다. 최근의 2008년 금융위기와 2009년 유럽의 재정위기 등 글로벌 경제위기와 더불어 다양한 사회적 문제(북핵 안보위기, 기후 · 환경변화, 에너지 · 식량부족, 저성장의 고착화, 고용률의 정체, 양극화의 심화, 중산층 붕괴, 저출산 · 고령화 심화, 다문화가정 확대, 대형재난 · 안전사고 등)가 이슈화되었다. 하지만 한편으로는 민주화의 성장과 교육수준의 상승, 그리고 ICT에 기반을 둔 SNS의 발달로 지식정보사회에서 국민과 정부의 협력관계는 상당히 밀접해졌다.

이러한 배경하에 박근혜정부에서는 국정철학과 기조에서 국민행복을 강조하면서, 다양한 정보를 투명하게 공개하고 칸막이 없이 일 잘하는 정부, 맞춤형 서비스를 제공해 주는 정부를 강조하고 있다. 이러한 국정의 비전이 정부3.0이라는 용어로 압축화되면서 투명한 정부, 유능한 정부, 서비스 정부라는 국정 3대 전략과 세부적인 과제들이 포함되어 국정전반에서 추진 중이다. 그러나 이러한 개념적 의미가 실제 행정현장에서 타당하게 적용되기 위해서는 국정철학과 연계, 행정의 진화적 발전, 정보공개 강화 위주 경제, 행정 내부과정 과열문제, 부서 간 협력, 지방정부와의 연계 등 다양한 유의사항이 전제되어야 한다.

이에 본고에서는 정부3.0의 필요성과 의의, 이해, 실천과제의 모색, 적용으로서 지방3.0, 성공을 위한 제언 등에 대한 기초적인 정보부터 조심스러운 대안모색까지 다루었다. 각 장별 주요 내용을 요약하면 다음과 같다.

첫째, II장 '정부3.0의 필요성과 의의'에서는 다양한 환경의 변화와 전망, 그리고 박근혜정부의 국정철학과 정부3.0의 연관성, 나아가 정부3.0의 이론적 근거(시장실패와 정부실패, 공공선택론, 뉴거버넌스론)에 대해서 논의하였다.

둘째, III장 '정부3.0의 이해'에서는 정부3.0이 무엇을 추구하는지와 관련된 개념과 요소, 비전/목표/전략/가치 등 총괄적인 내용을 살펴보았다. 그리고 정부3.0의 내용과 관련해서 정부에서 제시하고 있는 정부3.0의 추진체계, 추진내용 및 절차, 추진과제 및 주요 사례(예시) 등을 다양하게 살펴보았다.

셋째, IV장 '정부3.0 실천과제의 모색'에서는 미국, 영국, 프랑스, 일본 등 주요 선진국의 사례에 대한 최근 동향을 다양하게 고찰하였다. 더불어 국내 주요 부처에 대한 우수사례를 소개하고, 주요 전략과 과제의 추진에서 유념해야 할 방향을 논의함으로써 향후 각 부처와 기관에서 정부3.0의 실행전략을 모색하는데 도움을 주고자 하였다.

넷째, V장 '정부3.0의 적용: 지방3.0'에서는 중앙정부정책의 지방적 구현, 정부정책의 국민체감적 실행이라는 차원에서 지방정부에서 추진할 3.0의 내용을 개괄적으로 고찰하였다.

제2절 정부3.0 추진에 있어서 핵심적 고려사항

■ 정부3.0에 대한 정확한 이해 선결
 ㅇICT, 정보공개 기반구축에 과도한 초점
 ㅇ행정문화, 업무프로세스, 업무행태, 인사제도 혁신 병행 필요

■ 수요 대응성만 강조하는 한계(전문적 판단 필요)

■ 참여 거버넌스 강조: 정부-시민관계 관리시스템 구축

■ 기술적 기반+법제도적 환경+역량 강화
 ㅇ 역량(능력 · 의지) 강화를 위한 교육
  -공직교육
  -시민교육

■ 정부-시민관계 관리시스템 구축 필요
 ㅇ컨트롤 타워 정비
  -민관협력체계 정비
  -총괄기능 강화

■ 지방에 대한 고려(지방3.0 포함)

■ 평가 및 환류체제 강화

■ 사업의 타당성 확보

정부3.0은 박근혜정부의 국정철학을 실천하기 위한 수단으로, 최근 한국사회의 변화, 행정환경의 변화, 그리고 행정환경의 변화에 부응하는 행정 패러다임이라 할 수 있다. 정부3.0이 보다 잘 실시되어 국민에게 맞춤형 서비스를 제공하기 위해서는 몇 가지 고려할 점이 있다.

첫째, 정부3.0에 대한 보다 정확하고 균형 있는 이해가 선결되어야 한다. 현재는 다수 간 ICT 내지는 정보공개 기반구축에 초점이 맞추어져 있는 듯하다. 그러나 정보공개가 이루어지기 위해서라도 행정문화, 업무프로세스, 업무행태, 인사제도 등 행정과정 전반에 대한 혁신이 병행되어야 할 것이다. ICT만으로 이루어지는 정부3.0은 반쪽 3.0, 또는 정부1.5에 그칠 가능성이 있다.

둘째, 정부3.0 추진에서 수요 대응성만을 강조하는 부분도 재고해 보아야 한다. 수요 대응성을 높이기 위해서는 당연히 정부능력의 강화가 필요하다. 정부능력에는 공무원의 역량과 의지, 그리고 물적 자원의 충족이 요구된다. 따라서 정부의 한계성을 인정하고 정부의 역할에 민간과의 협치를 강조하는 부분이 아울러 인식되어야 할 것이다.

셋째, 참여 거버넌스가 강조되어야 한다. 자칫 정부3.0은 주민들과 또는 국민과 관계없는 행정과정으로서만 인식될 우려가 있다. 그러나 정부3.0이 그 목적을 달성하기 위해서는 정부 내부의 과정만이 아니라 정부 내부의 과정을 포함한 정부, 시민관계 간의 관리시스템 구축 필요성에 대한 인식이 새로워져야 할 것이다.

넷째, 정보화 등을 포함한 기술적 기반에 그치지 않고 정부3.0을 추진하기 위한 법 · 제도적 환경이 완비가 되어야 하며, 이를 추진하기 위한 공무원과 국민의 역량 강화가 아울러 강조되어야 한다. 인적 요소의 공직역량 강화와 국민역량 강화를 위해서는 관련된 교육활동이 강화되어야 한다.

다섯째, 정부3.0을 추진하기 위한 추진체계의 정비가 필요하다. 이러한 추진체계에서는 정부3.0이 관련된 중앙부처와 지방정부의 기능을 총괄하는 컨트롤타워 부분의 확립이 필요하고, 또한 민 · 관 간의 협력체계를 정비하는 일이 핵심사항으로 포함되어야 할 것이다. 크게는 정부와 정부 간의 관계, 중앙정부와 지방정부 간의 관계, 정부와 국민 간의 관계가 정부3.0의 성공을 위한 중요 요소로 인식되어야 할 것이다.

여섯째, 지방에 대한 고려가 강조되어야 한다. 현재 정부3.0은 다분히 중앙정부 차원의 행정과정으로 또는 행정혁신으로 이해될 여지가 있다. 그러나 행정과정은 중앙에서 시작되더라도 대부분의 행정과정이 지방에서 종결된다는 것과, 지역 차원에서 주민에게 체감되지 않는 서비스는 주민의 행복에 연결되지 않는다는 것을 고려해야 할 것이다. 지방3.0을 강조하는 이유이다.

일곱째, 정부3.0이 제대로 추진되는가에 대한 모니터링, 기획-평가-환류의 순환적 성과관리 부분이 잘 되어야 정부3.0이 발전적으로 추진될 수 있다.

마지막으로, 정부3.0 사업의 목표타당성 제고와 관련한 제언 한 가지를 첨언한다면 정부3.0이 관행적으로 예산을 지출하는 하나의 사업 차원에서 전개되어서는 안 된다는 점이다. 특히 기존에 각 부처에서 수행하던 사업과 완전히 다른 사업만을 발굴해서 추진할 수는 없지만 그렇다고 명칭만 바꾸어 집행하면서 마치 새로운 사업인 것처럼 포장하고 예산확보의 도구로 활용해서는 안 된다는 것이다.

본질적으로 정부3.0은 글로벌 위기와 우리나라의 현실에 대한 성찰에서 나온 것으로서, 국가적 문제를 해소하고자 하는 국가전략으로 이해되어야 하며 이러한 차원에서 보면 정부3.0의 과제들은 목표 재정립과 정부의 일하는 방식의 변화를 통해 국민적 문제해결이라는 효과를 창출할 수 있도록 설계되어야 한다. 이 같은 맥락에서 지난 2013년 7월 17일 프랑스 총리가 전 장관이 참석한 가운데 공공서비스 현대화를 위한 부처간위원회(CIMAP) 회의를 개최하면서, 국민에게 편리한 혜택을 제공하기 위한 200여 개의 행정 간소화 정책을 공개하고,[9] 기존의 홈페이지에 특별 페이지를 추가하여 구체적인 이행내용을 국민이 직접 확인할 수 있도록 한 점은 시사하는 바가 크다 하겠다.

9) 생각건대 참여는 평등실현의 수단으로 평등과 같은 선상에서 제시될 수 있는 요소이기도 하지만, 자유실현을 위한 적극적 수단도 될 수 있다는 점에서 볼 때 별도의 요소로 이해할 수 있다.

1. 국내문헌

관계부처 합동(2013a). 정부3.0 추진 기본계획(5월 29일). 관계부처 합동자료.

__________(2013b). 정부3.0 추진 기본계획(6월 19일). 관계부처 합동자료.

__________(2013c). 창조경제 실현계획: 창조경제 생태계 조성방안(5월). 관계부처 합동자료.

__________(2013d). 정부3.0 강의자료 PPT(7월). 관계부처 합동자료.

__________(2013e). 지방3.0 강의자료 PPT(8월). 관계부처 합동자료.

경기개발연구원(2013). Big Data 정부3.0 실현을 위한 플랫폼. 경기개발연구원.

김경희(2007). **공화주의**. 서울: 책세상.

김성태(2003). **전자정부론: 이론과 전략**. 서울: 법문사.

김윤권(2010). 공공선택이론에 입각한 역대정부의 성공 및 실패사례 연구. 한국행정연구원.

김주원(2011). 스마트 정부 구현을 위한 협업 활성화 전략. **IT정책연구시리즈, 제15호**. 한국정보화진흥원.

김창욱(2012a). 기업생태계의 플랫폼 전략(Issue Paper). 삼성경제연구소.

_____(2012b). 플랫폼 전략의 이론과 실제: 성공사례분석을 중심으로. 삼성경제연구소.

김현곤 · 조희정 · 박정은 · 이영선 · 정지선(2009). 정보사회의 사회통합구조와 정부-시민간 소통 활성화 방안. 한국정보화진흥원.

김희연 · 오주현(2012). 국내외 SNS의 현황과 사회적 의미. **정보통신정책, 24**(12), 19-

42. 정보통신정책연구원.

대통령직인수위원회(2013a). 제18대 대통령직인수위원회제안 박근혜정부 국정과제. 대통령직인수위원회.

________________(2013b). 박근혜정부 국정비전 및 국정목표. 대통령직인수위원회.

류광택 · 이용건 · 조성배(2012). 미래 전자정부 모델에 대한 탐색적 연구: 지속가능한 발전을 위한 전자정부 3.0의 가치와 개념을 중심으로. 한국정책학회 하계학술발표논문집. 319-340.

류석진 · 조희정(2009). 디지털 컨버전스 환경에서의 정치제도와 시민사회 변화 연구. 정보통신정책연구원.

류현숙(2011). 스마트시대의 공공정보 민간활용 활성화 방안. 한국행정연구원.

명승환(2012). 정보속으로: IT 이슈-스마트 사회 전환에 따른 Gov 3.0 기반의 전자정부 개념과 패러다임 변화. **지역정보화**, 74, 58-63. 한국지역정보개발원.

______ · 허철준(2012). 스마트사회 전환에 따른 Gov 3.0 기반의 전자정부 개념과 패러다임 변화. **한국정책학회 춘계학술대회발표논문집**.

문정욱(2009). 미국의 IT를 활용한 열린 정부 구현 전략 소개: 'Data.gov'를 중심으로. **방송통신정책**, 21(16), 100-105. 정보통신정책연구원.

박선주(2009). 주요 선진국의 소통형 디지털 정부 추진현황과 시사점. CIO Report, 제14호. 한국정보화진흥원.

_____ · 윤미영(2011). 스마트사회 실현을 위한 新국가정보화전략 분석: 영국. IT&SOCIETY, 제4호. 한국정보화진흥원.

박은태(2011). **현대경제학사전**. 파주: 경연사.

박천오(1997). 고객지향적 행정: 실천상의 의문점과 관료의 시각에 대한 탐색적 연구. **한국행정학보**, 31(2), 1-19. 한국행정학회.

방송통신위원회(2011). 소셜플랫폼의 생산적 활용전략. 방송통신위원회.

송희준 · 조택(2007). 한국의 전자정부: 성과와 과제. **정보화정책**, 14(4), 20-38. 한국정보화진흥원.

안도경(2011). 시장-정부 이분법에 대한 비판적 검토: R. H. Coase와 E. Ostrom의 제도연구 방법을 중심으로. **정부학연구**, 17(1), 35-56. 고려대학교 정부학연구소.

안전행정부(2013a). 희망의 새시대 정부3.0이 함께 열겠습니다. 간담회 발표자료. 안전행정부.

_________(2013b). 사례로 보는 정부3.0. 안전행정부.

_________(2013c). 정부3.0 카툰. 안전행정부.

_________(2013d). 정부3.0 포스터. 안전행정부.

_________(2013e). 정부3.0 리플렛. 안전행정부.

_________(2013f). 정부3.0 브로셔. 안전행정부.

_________(2013g). 지방3.0 추진 기본계획(7월). 안전행정부지방행정실(지방3.0 추진단).

______ · 고경훈(2006). 공공고객관계(PCRM)의 재개념화와 적용. 한국정책학회 춘계정기학술세미나 발표자료집.

윤미영 · 박선주(2010). 미래지향적인 국정운영을 위한 국가정보화역량 강화방안. CIO Report, 제27호. 한국정보화진흥원.

윤용익 · 김은주 · 엄리영(2011). 스마트코리아 추진을 위한 스마트플랫폼 구현 전략. 한국컴퓨터정보학회 논문집, 16(2), 235-246. 한국컴퓨터정보학회.

이명석(2002). 거버넌스의 개념화: 사회조정으로서의 거버넌스. 한국행정학보, 36(4), 321-338. 한국행정학회.

______(2008). 협력적 거버넌스와 공공성. 한국행정학회 동계학술대회 발표논문. 한국행정학회.

이승종(2011a). 지방자치론. 서울: 박영사.

______(2011b). 시민참여론. 서울: 박영사.

이정아(2010). 스마트 정부의 공공정보 개방과 이용활성화 전략. CIO Report, 제28호. 한국정보화진흥원.

이종한 · 강영철(2010). 제도설계론에 입각한 정부기능 효율성 제고방안: 공공기관을 중심으로. 한국행정연구원.

임광현(2008). 전자민원서비스(G4C) 활성화방안에 관한 연구. 한국자치행정학보, 22(2). 한국자치행정학회.

전원재(2001). 고객서비스의 신화. 정보통신정책연구원.

정용덕(2001). 현대국가의 행정학. 서울: 법문사.

조희정 · 이승현(2011). 공공앱 현황과 발전방안. 국회입법조사처.

한국과학기술기획평가원(2013). 창조경제 개념과 주요국 정책분석. 한국과학기술기획평가원.

__________________(2013). 창조경제시대의 과학기술정책. 한국과학기술기획평가원.

한국정보화진흥원(2007). 미래 유비쿼터스 정부의 진화, Government 3.0. 한국정보화진흥원.

_____________(2013a). 정부3.0 새로운 대한민국을 꿈꾸다. 한국정보화진흥원.

_____________(2013b). 창조사회 실현을 위한 국가전략의 역할과 과제. 한국정보화진흥원.

한국지방행정연구원(2013). 지방정부3.0 구현을 위한 실천 매뉴얼. 한국지방행정연구원.

행정개혁시민연합(2013). 박근혜정부 100일 평가. 행정개혁시민연합 정책토론회.

홍필기(2013). Gov 3.0과 창조행정 발표자료.

2. 국외문헌

Accenture. (2001). The Government Executive Series-Customer Relationship Management: A Blueprint for Government.

Anatole Kaletsky. (2011). Capitalism 4.0: The Birth of a New Economy in the Aftermath of Crisis. PublicAffairs.

Ballon. P. (2009). Platform Types and Gatekeeper Roles: The Case of the Mobile Communications Industry. DRUID Summer Conference 200, June 17, Denmark.

Bauer, Helfried. (2004). Public Management in Austrian Government. Contribution to Exploratory Meeting, OECD.

Bergeman, Dirk, & Valimaki, Juuso. (2002). Information Acquisition and Efficient

Mechanism Design. *Econometrica, 70*(3), 1007-1033.

Boyne, George A. (1996). Competition and Local Governement: A Public Choice Perspective. *Urban Studies, 33*(4), 703-721.

Buchanan, James M. (1979). What Should Economists Do? Indianapolis: Liberty Press.

Chen, Yan. (2008). Incentiv-Compatible Mechanisms for Pure Public Goods: A Survey of Experimental Research in The Handbook of Experimental Economics Results. edited by Charles Plott and Vernon Smith, North Holland.

Coase, Ronald H. (1937). The Nature of the Firm. *Economica (Blackwell Publishing), 4*(16), 386-405.

______________. (1960). The Problem of Social Cost. *Journal of Law and Economics, 3*, 1−44.

______________. (1974). The Lighthouse in Economics. *Journal of law and Economis, 17*, 357−376.

______________. (1988). *The Firm, The Market, and the Law*. University of Chicago Press.

Corrin, Amber. (2012). Can New Mobile Government Plans Overcome Old Problems? Federal Computer Week.

Denhardt, Robert B., & Janet V. Denhardt. (2007). The New Public Service: Serving, Not Steering. M.E.Sharpe Inc.

Eggers, William D. (2007). Government 2.0: Using Technology to Improve Education, Cut Red Tape, Reduce Gridlock, and Enhance Democracy. Rowman & Littlefield Publishers.

Eisenmann, T. R., Parker, G., & Van Alstyne, M. W. (2011). Platform Envelopment. *Strategic Management Journal, 32*(12), 1270-1285.

Gateway Center for Giving. (2011). Understanding the Intermediary Infrastructure in St. Louis: Who They Are, What They Do, and Common Misconceptions (April 2011).

Gawer, A., & Cusumano, M. A. (2008). How Companies Becomes Platform Leader.

MIT Sloan Management Review, 49(2), 28-35.

Government 2.0 Taskforce Report. (2009). Engage: Getting on with Government 2.0. (아이앤유. 2011. 참여와 소통의 정부2.0: 호주정부2.0 태스크포스 보고서. 아이앤유). (www.gov20.kr)

Hagiu, A. (2009). Multi-Sided Platforms: From Microfoundations to Design and Expansion Strategies(working paper 09-115). Harvard Business School.

Hall, Peter A., & Rosemary, C. R. Taylor (1996). Political Science and the Three New Institutionalisms. *Political Studies, 44*(5), 936-957.

Heide, J. B. (1994). Inter-organizational Governance in Marketing Channels. *Journal of Marketing, 58*.

Hood, Christopher. (1986). The tools of government. Chatham, NJ: Chatham House.

Howard Partner. (2007). The Role of Intermediaries in Support of Innovation. Department of Industry, Tourism and Rescources. http://www.aak.co.kr

Howlett, Michael. (2009). Government Communication as a Tool, *The Canadian Political Review, 3*(2), 23-37.

Jacobides, M. G., Knudsen, T., & Augier, M. (2006). Benefiting from innovation: Value creation, value appropriation and the role of industry architectures. *Research Policy, 35*, 1200-1221.

Kaiser, Brooks A. (2007). The Athenian trierarchy: mechanism design for the private provision of public. *The journal of economic history, 67*, 445-480.

Kaplan, Andreas, & Haelein, Michael. (2010). Users of the World, Unite! The Challenges and Opportunities of Social Media. *Business Horizon, 53*, 59-68.

Kasper, Wolfgang, & Manfred, E. Streit. (1998). Institutional Economics: Social Order and Public Policy, Elgar.

Kellen, V. (2002). CRM Measurement Frameworks. Blue Wolf.

Kerlinger, F. N. (1964). Foundation of Behavioral Reserach. Richard & Winston Inc.

Kettinger, W. J. (1997). "Pragmatic Perspectives on Measurement of Information system Quality". MIS Quarterly. 1997.

Kjaer, Anne M. (2004). Governance, London: Polity Press.

Kooiman, Jan. (1993). Modern Governance: New Government-Society Interactions, SAGE.

Krueger, Anne. (1974). The Political Economy of the Rent-Seeking Society. *American Economic Review, 64*(3), 291-303.

Milgrom, Paul. (2004). *Putting Auction Theory to Work*. New York: Cambridge University Press.

National Audit Office. (2012). Cross-government review: Implementing transparency.

Niskanen, William A. (1971). Bureaucracy and Public Economics, Elgar.

North, Douglas C. (1981). Structure and Change in Economic History, Norton.

______________. (1990). *Institution, Institutional Change and Economic Performance*. Cambridge University Press.

______________. (1994). Economic Performance through Time. *American Economic Review, 1994, 84*(3), 359-368.

OECD. (2004). The e-Government Imperative, OECD e-Government Studies, OECD, Paris.

Olson, Mancur. (1965). *The Logic of Collective Action: Public Goods and the Theory of Groups*. Cambridge: Harvard University Press.

____________. (1982). *The Rise and Decline of Nations: Economic Growth, Stagflation, and Social Rigidities*. Yale University Press.

Ostrom, Elinor. (1990). *Governing the Commons*. Cambridge University Press.

___________. (1999). *Governing the Commons: Evolution of Instritution for Collective Action*. Combridge University Press. (윤홍근 · 안도경 역. 2010. 공유의 비극을 넘어: 공유자원 관리를 위한 자치제도의 진화. 랜덤하우스코리아).

___________. (2005). *Understanding Institution Diversity*. Princeton University Press.

___________. (2010). Beyond Markets and Staes: Polycentric Governance of Complex Economic System. *American Economic Review, 100*, 641-672.

Palfrey, T. R., & Srivastava. S. (1989). Mechanism Design with Incomplete Information:

A Solution to the Implementation Problem. *Journal of Political Economy, 97*, 668-691.

Peters, Guy. (1996). *The Future of Governing: Four Emerging Models*. Lawrence: University of Kansas Press.

Pierre, Jon. (2000). *Debating Governance*. Oxford: Oxford University Press.

Pierre, Jon, & Peters, Guy. (2000). Governance, Politics and the State. NY: Martin's Press.

Plott, Charles R. (2008). Properties of Disequilibrium Adjustment in Double Auction Market. in The Handbook of Experimental Economics Results. edited by Charles Plott and Vernon Smith, North Holland.

Rhodes, R. A. W. (1997). *Understanding Governance*. Buckingham and Philadelphia: Open University Press.

Sander, Todd. (2011). Government 2.0: Building Communities with Web 2.0 and Social Networking. Digital Communities.

Schorr, Lisbeth B. et al. (2010). Intermediaries and Their Potential Role in Support of Promise Neighborhoods. Development and Implementation. An Issue Brief. Center for the Study of Social Policy. 1-5.

Smith, Vernon, & Mark Van Boening. (2008). Exogenous Uncertainty Increases the Bid-Ask Spread in the Continuous Dobule Auction. in The Handbook of Experimental Economics Results. edited by Charles Plott and Vernon Smith, North Holland.

Tullock, Gordon. (1967). The Welfare Costs of Tariffs, Monopolies, and Theft. *Western Economic Journal, 5*(3), 224-232.

Vigoda, Eran. (2002). From responsiveness to collaboration: Governance, citizens, and the next generation of public administration. *Public Administration Review, 62*(5), 527-540.

Weimer, David L., & Aidan R. Vining. (2005). Policy Analysis: Concepts and Practice. 3rd ed. Prentice-Hall, Englewood Cliffs.

White House. (2009). Open Government Directive.

____________. (2012). Digital Government: Building a 21st Century Platform to Better Serve the American People.

저자 소개

이승종(李勝鍾)

Northwestern University 대학원(정치학 박사)

전 한국행정학회 회장
제18대 대통령직인수위원회 인수위원

현 서울대학교 행정대학원 교수
한국지방행정연구원 원장
지방자치단체 합동평가위원회 위원장
정부3.0추진단 자문위원

〈저서〉
『지방자치론』(2011), 『시민참여론』(2003) 외

오영균(吳映均)

서울대학교 행정대학원(행정학 박사)

전 산업통상자원부 장관정책자문관

현 수원대학교 행정대학원장
국무총리실 정부업무평가 전문위원
기획재정부 공공기관 · 준정부기관 경영평가위원
안전행정부 고위공무원단 역량평가위원
안전행정부 지방3.0 민간자문단 위원

〈저서〉
『ISO26000 & 공공기관의 사회적 책임』 외

국민행복과 정부3.0: 이해와 적용

2013년 8월 20일 1판 1쇄 인쇄
2013년 8월 27일 1판 1쇄 발행

지은이 • 이승종 · 오영균
펴낸이 • 김진환
펴낸곳 • (주) 학지사
121-837 서울시 마포구 서교동 352-29 마인드월드빌딩 5층
대표전화 • 02-330-5114 팩스 • 02-324-2345
등록번호 • 제313-2006-000265호

홈페이지 • http://www.hakjisa.co.kr
커뮤니티 • http://cafe.naver.com/hakjisa

ISBN 978-89-997-0225-9 93350

정가 13,000원

저자와의 협약으로 인지는 생략합니다.
파본은 구입처에서 교환해 드립니다.

이 도서의 국립중앙도서관 출판시도서목록(CIP)은 서지정보유통지원시스템 홈페이지(http://seoji.nl.go.kr)와 국가자료공동목록시스템(http://www.nl.go.kr/kolisnet)에서 이용하실 수 있습니다.
(CIP 제어번호: CIP2013017888)